300 tests
D'ITALIEN

Federico BENEDETTI

Module 1
LE BASI

Focus Verbe *essere* au présent de l'indicatif

Corrigé page 12

Complétez avec la forme correcte du verbe **essere** *au présent de l'indicatif.*

1. Ciao, io ... Susanna.
   - **A** siamo
   - **B** sono
   - **C** siete
   - **D** sei

2. Noi ... di Venezia.
   - **A** siete
   - **B** sono
   - **C** siamo
   - **D** è

3. Tu e Chiara ... amiche.
   - **A** siete
   - **B** siamo
   - **C** sei
   - **D** sono

4. Firenze ... la mia città.
   - **A** è
   - **B** siete
   - **C** sono
   - **D** siamo

5. Firenze e Siena ... molto belle.
   - **A** è
   - **B** siete
   - **C** siamo
   - **D** sono

6. Tu ... di qui?
   - **A** siete
   - **B** sei
   - **C** è
   - **D** sono

7. Buongiorno, noi ... i nuovi vicini.
   - **A** sono
   - **B** sei
   - **C** siete
   - **D** siamo

8. Giovanni e Andrea ... studenti.
   - **A** è
   - **B** sono
   - **C** siamo
   - **D** sei

9. Tu e Simone ... italiani?
   - **A** sei
   - **B** siamo
   - **C** sono
   - **D** siete

10. Io ... spagnola.
    - **A** è
    - **B** siamo
    - **C** sono
    - **D** sei

Astuce Le pronom personnel sujet est facultatif en italien, et souvent omis. Dans nos exercices, il précède toujours le verbe pour que vous puissiez trouver la forme verbale correcte. Il sera parfois indiqué entre parenthèses.

Module 1
LE BASI

Complétez avec la forme correcte du verbe **essere** *au présent de l'indicatif.*

1. Gli studenti nuovi ... di Roma.
   - **A** sei
   - **B** sono
   - **C** siete
   - **D** è

2. La mia casa ... qui.
   - **A** sei
   - **B** è
   - **C** siamo
   - **D** sono

3. Tu e la tua famiglia ... qui da generazioni.
   - **A** sono
   - **B** siamo
   - **C** è
   - **D** siete

4. La città ... bellissima.
   - **A** sono
   - **B** è
   - **C** siete
   - **D** sei

5. Gli autobus ... pieni.
   - **A** sei
   - **B** siamo
   - **C** sono
   - **D** siete

6. Le lezioni ... finite.
   - **A** è
   - **B** siete
   - **C** sono
   - **D** siamo

7. La ragazza ... italiana.
   - **A** sei
   - **B** è
   - **C** siamo
   - **D** sono

8. Tra due minuti (io) ... a casa.
   - **A** è
   - **B** siamo
   - **C** sono
   - **D** sei

9. (Tu) ... di Milano?
   - **A** siete
   - **B** sei
   - **C** siamo
   - **D** è

10. Maria viene da Napoli, noi ... di qui.
    - **A** è
    - **B** sono
    - **C** siete
    - **D** siamo

Choisissez la bonne phrase où insérer la forme du verbe **essere** *indiquée.* **Corrigé page 12**

1. sono
   - **A** Io e Anna ... in casa.
   - **B** Voi ... in casa.
   - **C** Anna e Marco ... in casa.
   - **D** Tu ... in casa.

Module 1
LE BASI

Corrigé page 12

2. siete
   - **A** Tu ... la mia amica.
   - **B** Tu e Valeria ... le mie amiche.
   - **C** Lei e Valeria ... le mie amiche.
   - **D** Io ... la tua amica.

3. Siamo
   - **A** Tu e Pietro ... studenti.
   - **B** Lei e Pietro ... studenti.
   - **C** Io e Pietro ... studenti.
   - **D** Io ... studente.

4. è
   - **A** Io ... di Venezia.
   - **B** Lui e Alice ... di Venezia.
   - **C** Alice ... di Venezia.
   - **D** Tu ... di Venezia.

Astuce Remarquez que, quand un pronom personnel sujet et un nom propre sont le sujet d'une phrase, le pronom est toujours placé en premier, même si c'est **io** : **io e Pietro**, *Pietro et moi*.

Focus Salutations et présentations

Complétez avec la formule de présentation ou de salutation qui convient.

1. ... , sono Michele, piacere !
   - **A** Arrivederci
   - **B** Buongiorno
   - **C** Alla prossima

2. Arrivederci e ...!
   - **A** buongiorno
   - **B** alla prossima
   - **C** piacere

3. Piacere, ... Lea!
   - **A** salve
   - **B** mi chiamo
   - **C** arrivederci

4. Lui è Giovanni. — ...!
   - **A** Arrivederci
   - **B** Ci vediamo
   - **C** Piacere

5. ... signora!
   - **A** Ciao
   - **B** Buonasera
   - **C** Salve

Module 1
LE BASI

6. Adesso devo andare, ...!
   - **A** piacere
   - **B** ci vediamo
   - **C** buongiorno

7. ... professore, io sono Chiara.
   - **A** Ciao
   - **B** Buongiorno
   - **C** Salve

8. ..., come stai?
   - **A** Buongiorno
   - **B** Arrivederci
   - **C** Ciao

Astuce La formule de salutation **ciao** est réservée aux relations informelles, alors que **buongiorno**, **buonasera** et **salve** sont utilisés aussi bien avec des amis qu'avec des relations formelles.

Focus Pronoms personnels sujets

Corrigé page 12

Complétez avec le pronom personnel sujet correspondant au verbe indiqué.

1. ... siamo siciliani.
   - **A** Loro
   - **B** Noi
   - **C** Voi

2. ... mi chiamo Giulia.
   - **A** Lei
   - **B** Io
   - **C** Tu

3. ... è la mia vicina.
   - **A** Lei
   - **B** Loro
   - **C** Voi

4. ... sono studenti.
   - **A** Voi
   - **B** Lui
   - **C** Loro

5. ... siete amiche.
   - **A** Voi
   - **B** Noi
   - **C** Loro

6. ... sei spagnolo?
   - **A** Lei
   - **B** Lui
   - **C** Tu

7. ... e Michele siamo amici.
   - **A** Tu
   - **B** Noi
   - **C** Io

Module 1
LE BASI

8. ... si chiama Cristiano.
   - **A** Lui
   - **B** Lei
   - **C** lo

Focus — Articles définis

Complétez avec l'article défini qui convient.

Corrigé page 12

1. ... famiglia
   - **A** la
   - **B** le
   - **C** l'

2. ... studente spagnolo
   - **A** la
   - **B** il
   - **C** lo

3. ... lezione
   - **A** le
   - **B** la
   - **C** il

4. ... autobus
   - **A** lo
   - **B** l'
   - **C** le

5. ... studenti italiani
   - **A** le
   - **B** i
   - **C** gli

6. ... vicine di casa
   - **A** i
   - **B** gli
   - **C** le

7. ... minuti
   - **A** gli
   - **B** i
   - **C** le

8. ... anni
   - **A** gli
   - **B** i
   - **C** l'

Focus — Formation du pluriel et du féminin des mots en -o

Choisissez l'expression au pluriel correspondant à celle donnée au singulier (ou inversement).

1. la nuova vicina
   - **A** le nuove vicine
   - **B** le nuovi vicini

Module 1
LE BASI

2. il ragazzo spagnolo
   - **A** le ragazzi spagnola
   - **B** i ragazzi spagnoli

3. gli anni *(pl.)*
   - **A** l'anno
   - **B** il anno

4. la bella ragazza
   - **A** le belle ragazze
   - **B** i belli ragazze

Astuce Souvenez-vous qu'une classe très nombreuse de mots italiens (noms et adjectifs) ayant le masculin singulier en **-o**, forment le masculin pluriel en **-i**, le féminin singulier en **-a** et le féminin pluriel en **-e**.

Choisissez l'expression au féminin correspondant à celle donnée au masculin (ou inversement).

1. il ragazzo siciliano
   - **A** la ragazze siciliane
   - **B** la ragazza siciliana

2. il nuovo vicino spagnolo
   - **A** la nuova vicina spagnola
   - **B** le nuove vicine spagnole

3. la ragazza bella *(f.)*
   - **A** il ragazzo bello
   - **B** il ragazzi belli

Focus Les prépositions *di*, *da* et *tra* (ou *fra*)

Corrigé page 12

Complétez avec la préposition qui convient.

1. La città è piena ... studenti.
   - **A** di
   - **B** da
   - **C** tra

2. Sono lì ... dieci minuti.
   - **A** da
   - **B** tra
   - **C** di

3. La nuova casa ... Alice è molto bella.
   - **A** di
   - **B** tra
   - **C** da

Module 1
LE BASI

Corrigé page 12

4. Vengo ... Roma.
   - **A** da
   - **B** tra
   - **C** di

5. Siamo qui ... molto tempo.
   - **A** di
   - **B** da
   - **C** tra

6. L'autobus passa ... due minuti.
   - **A** da
   - **B** fra
   - **C** di

7. Tu sei ... qui?
   - **A** di
   - **B** tra
   - **C** da

8. La mia vicina abita qui ... ieri.
   - **A** tra
   - **B** di
   - **C** da

Astuce **Tra** et **fra** sont équivalentes et interchangeables. On peut utiliser l'une ou l'autre indifféremment.

Choisissez la bonne phrase où insérer la préposition indiquée.

1. di
   - **A** L'autobus viene ... Milano.
   - **B** L'autobus è pieno ... ragazzi.

2. tra
   - **A** Marco passa ... due minuti.
   - **B** Marco abita qui ... ieri.

3. di
   - **A** Sei ... Pisa?
   - **B** Vieni ... Pisa?

4. di
   - **A** Lavoro qui ... anni.
   - **B** Lavoro qui ma sono ... Siena.

5. da
   - **A** È ... Torino.
   - **B** Lavora a Torino ... anni.

Astuce Les prépositions **di**, **da** et **tra**, **fra** ont de nombreuses utilisations. Ici, nous avons considéré seulement la provenance d'un lieu et la distance dans le temps (pour **da**), le lieu de naissance (pour **di**) et un délai dans le futur (pour **tra** et **fra**).

Module 1
LE BASI

Focus **Exercice de traduction**

Choisissez la traduction correcte en italien.

1. Anna et Alice sont mes amies.

    A Anna e Alice siamo mie amiche.

    B Anna e Alice sono mie amiche

    C Anna e Alice siete mie amiche.

2. Ma nouvelle maison est très belle.

    A La mia nuova casa è bellissima.

    B La mia nuova casa sei bellissima.

    C La mia nuova casa sono bellissima.

3. Je viens de Bolzano, et toi tu es d'ici ?

    A Io vengo da Bolzano. E tu è di qui?

    B Io vengo da Bolzano. E tu siete di qui?

    C Io vengo da Bolzano. E tu sei di qui?

4. La leçon est finie. Au revoir !

    A La lezione sono finita. Arrivederci!

    B La lezione è finita. Arrivederci!

    C La lezione sei finita. Arrivederci!

5. Ma famille et moi nous sommes dans le Nord depuis des années.

    A Io e la mia famiglia siamo al nord da anni.

    B Io e la mia famiglia sono al nord da anni.

    C Io e la mia famiglia è al nord da anni.

Module 1
VOCABOLARIO E FRASI IDIOMATICHE

Verbes

essere *être*

(io) sono *je suis*	**(noi) siamo** *nous sommes*
(tu) sei *tu es*	**(voi) siete** *vous êtes*
(lui, lei, si) è *il, elle, on est*	**(loro) sono** *ils, elles sont*

abitare	*habiter*
andare	*aller*
chiamarsi	*s'appeler*
dovere	*devoir*
lavorare	*travailler*
venire	*venir*
passare	*passer*

Noms et adjectifs

l'amico	*l'ami*
l'anno	*l'année*
l'autobus	*l'autobus*
bello, bellissimo	*beau, très beau*
la casa	*la maison*
la città	*la ville*
dieci	*dix*
due	*deux*
la famiglia	*la famille*
finito	*fini*
la generazione	*la génération*
italiano	*italien*
la lezione	*la leçon*
il minuto	*la minute*
nuovo	*nouveau*
pieno	*plein*

Module 1
VOCABOLARIO E FRASI IDIOMATICHE

il professore	*le professeur*
il ragazzo, la ragazza	*le garçon, la fille*
siciliano	*sicilien*
spagnolo	*espagnol*
lo studente	*l'étudiant*
il vicino	*le voisin*

Adverbes

adesso	*maintenant*
ieri	*hier*
qui	*ici*

Locutions / Phrases essentielles

Alla prossima!	*À la prochaine !*
arrivederci	*au revoir*
buongiorno	*bonjour*
buonasera	*bonsoir*
ciao	*salut*
Ci vediamo!	*Au revoir !* (littéralement « nous nous voyons »)
mi chiamo...	*je m'appelle...*
Piacere!	*Enchanté !*
salve	*salut* (un peu moins informel que ciao)

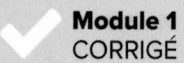

Module 1
CORRIGÉ

Le basi

VOTRE SCORE :

PAGES 2-3
Verbe **essere** au présent de l'indicatif
1 B 2 C 3 A 4 A 5 D 6 B 7 D 8 B 9 D 10 C
1 B 2 B 3 D 4 B 5 C 6 C 7 B 8 C 9 B 10 D
1 C 2 B 3 C 4 C

PAGE 4
Salutations et présentations
1 B 2 B 3 B 4 C 5 B 6 B 7 B 8 C

PAGE 5
Pronoms personnels sujets
1 B 2 B 3 A 4 C 5 A 6 C 7 C 8 A

PAGE 6
Articles définis
1 A 2 C 3 B 4 B 5 C 6 C 7 B 8 A

PAGES 6-7
Formation du pluriel et du féminin des mots en **-o**
1 A 2 B 3 A 4 A
1 B 2 A 3 A

PAGES 7-8
Les prépositions **di**, **da** et **tra** (ou **fra**)
1 A 2 B 3 A 4 A 5 B 6 B 7 A 8 C
1 B 2 A 3 A 4 A 5 B

PAGE 9
Exercice de traduction
1 B 2 A 3 C 4 B 5 A

Vous avez obtenu entre 0 et 18 ? Reprenez chaque question en regardant les endroits où vous avez fait des erreurs.

Vous avez obtenu entre 19 et 36 ? C'est très moyen, mais ne vous découragez pas.

Vous avez obtenu entre 37 et 53 ? Formidable ! Analysez les erreurs et, si besoin, révisez la ou les notions que vous ne maîtrisez pas complètement.

Vous avez obtenu 54 et plus ? Bravissimo!

Module 2
LE BASI

Focus Verbe *avere* au présent de l'indicatif

*Complétez avec la forme correcte du verbe **avere** au présent de l'indicatif*

Corrigé page 24

1. Sara ... 35 anni.
   - **A** abbiamo
   - **B** hai
   - **C** ha
   - **D** ho

2. Sandro e Sergio ... i loro tempi.
   - **A** ha
   - **B** hanno
   - **C** abbiamo
   - **D** ha

3. (Tu) ... un bel nome!
   - **A** avete
   - **B** ha
   - **C** ho
   - **D** hai

4. Voi ... un ottimo lavoro.
   - **A** avete
   - **B** ha
   - **C** hanno
   - **D** abbiamo

5. Qui ognuno ... il proprio posto.
   - **A** abbiamo
   - **B** ha
   - **C** hai
   - **D** hanno

6. Quanti anni ... Pietro e Paolo?
   - **A** hai
   - **B** avete
   - **C** hanno
   - **D** ho

7. (Io) ... una laurea triennale.
   - **A** ho
   - **B** ha
   - **C** avete
   - **D** hanno

8. Noi ... una casa a Verona.
   - **A** avete
   - **B** ho
   - **C** ha
   - **D** abbiamo

Astuce Le verbe **avere** est aussi utilisé pour indiquer l'âge d'une personne, donc **ho trent'anni** = *j'ai 30 ans*. Pour demander à quelqu'un son âge, on dit : **Quanti anni hai?**, *Quel âge as-tu ?* (littéralement « combien d'années tu as ? »).

Module 2
LE BASI

Complétez avec la forme correcte du verbe **avere** *au présent de l'indicatif (attention au sujet).*

1. (Tu) ... proprio una bella casa!
   - **A** Ha
   - **B** Avete
   - **C** Hai
   - **D** Hanno

2. Io ed Alessia ... dei buoni colleghi.
   - **A** avete
   - **B** hanno
   - **C** abbiamo
   - **D** ha

3. Tu ed Elisa ... i posti vicini.
   - **A** abbiamo
   - **B** avete
   - **C** hanno
   - **D** ho

4. (Io) ... un nome belga.
   - **A** Hanno
   - **B** Avete
   - **C** Ha
   - **D** Ho

Corrigé page 24

Module 2
LE BASI

*Choisissez la bonne phrase où insérer la forme du verbe **avere** indiquée.*

1. hanno
   - **A** La mia amica ... bisogno di un lavoro.
   - **B** Le mie amiche ... bisogno di un lavoro.
   - **C** Io e le mie amiche ... bisogno di un lavoro.

2. ha
   - **A** Nella mia ditta, (noi) ... rapporti con tutto il mondo.
   - **B** La mia ditta ... rapporti con tutto il mondo.
   - **C** Nella sua ditta, (loro) ... rapporti con tutto il mondo.

   Corrigé page 24

3. avete
   - **A** Quanti anni ... il tuo collega?
   - **B** Quanti anni ... lui e il suo collega?
   - **C** Quanti anni ... tu e il tuo collega?

4. abbiamo
   - **A** I miei vicini ... la famiglia a Siracusa.
   - **B** Io e i miei vicini ... la famiglia a Siracusa.
   - **C** Il mio vicino ... la famiglia a Siracusa.

5. ho
   - **A** (Tu) ... un ottimo posto di lavoro a Bergamo.
   - **B** (Io) ... un ottimo posto di lavoro a Bergamo.
   - **C** Lisa ... un ottimo posto di lavoro a Bergamo.

Module 2
LE BASI

Focus Articles indéfinis

Corrigé page 24

Complétez avec l'article indéfini qui convient.

1. È proprio ...bel paese!
   - A uno
   - B un
   - C un'

2. Abbiamo ... nuovi colleghi.
   - A uno
   - B delle
   - C dei

3. Sei proprio ... amica.
   - A una
   - B un'
   - C un

4. Anna e Paola sono ... vicine di casa.
   - A dei
   - B degli
   - C delle

5. Patrick è ... studente belga.
   - A una
   - B uno
   - C un

6. A Bolzano abbiamo ... bella casa.
   - A delle
   - B una
   - C un

7. Abito vicino a ... studenti.
   - A dei
   - B delle
   - C degli

8. La mia vicina ha ... ottimo lavoro.
   - A un
   - B un'
   - C uno

Astuce Morphologiquement, l'article indéfini pluriel n'en est pas un puisqu'il s'agit en réalité d'un article contracté formé de la préposition **di** + un article défini pluriel, donc **dei = di + i**, **degli = di + gli**, **delle = di + le**. Cependant, il est utilisé comme pluriel de l'article indéfini.

Choisissez la bonne phrase où insérer l'article indéfini indiqué.

1. un'
   - A Lei è ... studentessa spagnola.
   - B Lei è ... ottima studentessa.
   - C Loro sono ... brave studentesse.

Module 2
LE BASI

2. dei
   - **A** Avete ... posti liberi?
   - **B** Avete ... posto libero?
   - **C** Avete ... ottimi posti!

3. una
   - **A** Hai proprio ... bel lavoro!
   - **B** Hai proprio ... bella professione!
   - **C** Avete proprio ...belle professioni!

4. delle
   - **A** Abito con ... amica.
   - **B** Abito con ... amici.
   - **C** Abito con ... amiche.

5. dei
   - **A** In Italia abbiamo ... ottime scuole.
   - **B** In Italia abbiamo ... ottimi studenti.
   - **C** In Italia abbiamo ... bravi studenti.

Corrigé page 24

Astuce En tant que partitif (indiquant une quantité non précisée), l'article indéfini pluriel peut être omis, et l'on peut dire aussi bien **Ho degli amici italiani** que **Ho amici italiani**, *J'ai des amis italiens*.

Focus Prépositions *(a, con, in)*

Complétez avec la préposition qui convient.

1. Susanna lavora ... Milano.
   - **A** con
   - **B** a
   - **C** in

2. Lavoro... questa città da una settimana.
   - **A** in
   - **B** a
   - **C** con

Module 2
LE BASI

Corrigé page 24

3. A teatro ho il posto vicino ... Marta.
   - **A** in
   - **B** con
   - **C** a

4. Alice abita ... la sua famiglia.
   - **A** in
   - **B** con
   - **C** a

5. Marco è nato ... Palermo.
   - **A** in
   - **B** con
   - **C** a

6. Avete una casa ... Italia?
   - **A** a
   - **B** in
   - **C** con

7. Ho ottimi rapporti ... i colleghi.
   - **A** in
   - **B** con
   - **C** a

Astuce Pour indiquer le fait d'être dans un lieu ou un mouvement vers un lieu, on utilise toujours la préposition **a** avec les noms de villes, **in** avec les pays et les régions géographiques, par exemple **Sono a Milano**, *Je suis à Milan* ; **Sono in Lombardia**, *Je suis en Lombardie* ; **Andiamo in Giappone**, *Nous allons au Japon*.

Focus Prépositions *(in, a, con, di, da, tra)*

Complétez avec le bon couple de prépositions.

1. Teo va ... Firenze ... la famiglia.
   - **A** tra/con
   - **B** a/con

2. Lisa e Lea sono ... Campobasso e studiano ... Bologna.
   - **A** di/a
   - **B** con/di

3. Davide lavora ... questa ditta e ha buoni rapporti ... i colleghi.
   - **A** in/con
   - **B** con/in

4. Vengo ... Milano e adesso abito vicino ... Padova.
   - **A** di/a
   - **B** da/a

5. Siamo ... casa e abbiamo bisogno ... un medico.
   - **A** a/di
   - **B** da/con

Module 2
LE BASI

6. La nuova studentessa è ... Vicenza ed è ... questo corso.
   - **A** a/con
   - **B** di/in

> **Astuce** La préposition **a** est utilisée dans la locution **vicino a** = *près de*.

Focus Dire son âge ou sa profession

Choisissez la réponse correspondant à la question posée, ou inversement.

1. Quanti anni ha Mirco?
   - **A** Fa l'ingegnere.
   - **B** Ha 42 anni.

   Corrigé page 24

2. Che lavoro fai?
   - **A** Sono medico.
   - **B** Sono nato a Roma.

3. Alice ha 27 anni.
   - **A** Dove ha la casa Alice?
   - **B** Quanti anni ha Alice?

4. Che mestiere fai?
   - **A** Faccio la farmacista.
   - **B** Ho una laurea in farmacia.

5. Sono insegnante in una scuola primaria.
   - **A** Di dove sei?
   - **B** Qual è la tua professione?

6. Quanti anni hai?
   - **A** Ho una laurea triennale.
   - **B** Ho 55 anni.

Focus Faire connaissance, parler de soi

Choisissez la traduction correcte en italien.

1. Je peux m'asseoir près de toi ?
   - **A** Posso sedermi vicino da te?
   - **B** Posso sedermi vicino a te?
   - **C** Posso sedersi vicino a te?

Module 2
LE BASI

2. Bien sûr, assieds-toi !
   - **A** Certo, accomodami!
   - **B** Certo, accomodali!
   - **C** Certo, accomodati!

3. Je m'appelle Carlo, et toi, comment t'appelles-tu ?
   - **A** Io mi chiamo Carlo, e tu come ti chiami?
   - **B** Io mi chiama Carlo, e tu come ti chiami?
   - **C** Io ti chiamo Carlo, e tu come mi chiami?

4. Quel âge as-tu ?
   - **A** Che anni hai?
   - **B** Quanti anni sei?
   - **C** Quanti anni hai?

5. J'ai vingt-sept ans et je suis ingénieur.
   - **A** Sono ventisette e faccio ingegnere.
   - **B** Ho ventisette e ho ingegnere.
   - **C** Ho ventisette anni e faccio l'ingegnere.

Focus Exercice de traduction

Choisissez la traduction correcte en italien.

1. J'ai besoin de l'italien pour mon travail.
   - **A** Ha bisogno dell'italiano per mio lavoro.
   - **B** Ho bisogno dell'italiano per il mio lavoro.

2. Francesco a les yeux bleus.
   - **A** Francesco ha gli occhi blu.
   - **B** Francesco hai occhi blu.

Module 2
VOCABOLARIO E FRASI IDIOMATICHE

3. Nous avons un excellent travail.

   A Abbiamo uno ottimo lavoro.

   B Abbiamo un ottimo lavoro.

4. Ils ont une maison près de Rome.

   A Hanno una casa vicina da Roma.

   B Hanno una casa vicino a Roma.

5. Je suis ici depuis une semaine et je ne connais personne.

   A Sono qui a una settimana e non conosco nessuno.

   B Sono qui da una settimana e non conosco nessuno.

Verbes

avere *avoir*

(io) ho *j'ai*	**(noi) abbiamo** *nous avons*
(tu) hai *tu as*	**(voi) avete** *vous avez*
(lui, lei, si) ha *il, elle, on a*	**(loro) hanno** *ils, elles ont*

accomodarsi	*s'installer, se mettre à l'aise*
conoscere	*connaître*
fare	*faire*
sedersi	*s'asseoir*
studiare	*étudier*

Noms et adjectifs

belga (pl. belgi)	*belge*
blu (invariable)	*bleu*
bravo	*bon, capable, doué*
buono	*bon*

Module 2
VOCABOLARIO E FRASI IDIOMATICHE

il bisogno	*le besoin*
il collega (f. la collega)	*le collègue*
il corso	*le cours*
la ditta	*l'entreprise*
la farmacia	*la pharmacie*
il farmacista (f. la farmacista)	*le pharmacien*
l'ingegnere	*l'ingénieur*
l'insegnante	*l'enseignant*
la laurea	*la licence*
il lavoro	*le travail*
libero	*libre*
il medico (pl. i medici)	*le médecin*
il mestiere	*le métier*
il mondo	*le monde*
nato	*né*
nessuno	*personne*
il nome	*le nom*
l'occhio (pl. gli occhi)	*l'œil*
ognuno	*chacun*
ottimo	*excellent*
il paese	*le pays*
primario	*primaire*
la professione	*la profession*
il posto	*la place*
quanto	*combien*
il rapporto	*le rapport*

Module 2
VOCABOLARIO E FRASI IDIOMATICHE

la scuola	*l'école*
la settimana	*la semaine*
spagnolo	*espagnol*
il teatro	*le théâtre*
il tempo	*le temps*
triennale	*triennal* (qui dure 3 ans)
tutto	*tout*
ventisette	*vingt-sept*

Adverbe

| proprio | *vraiment* |

Locutions / Phrases essentielles

Faire connaissance, demander/dire son âge, sa profession :

Quanti anni hai?	*Quel âge as-tu ?*
Ho ventisette anni.	*J'ai vingt-sept ans.*
Che lavoro/mestiere fai?	*Quel est ton travail/métier ?*
Qual è la tua professione?	*Quelle est ta profession ?*
Faccio l'ingegnere.	*Je suis ingénieur.*

Inviter quelqu'un à entrer ou à s'asseoir :

| Accomodati! | *Je t'en prie ! Mets-toi à l'aise !* |

Module 2
CORRIGÉ

Le basi

VOTRE SCORE :

PAGES 13-15
Verbe **avere** au présent de l'indicatif
1 C 2 B 3 D 4 A 5 B 6 C 7 A 8 D
1 C 2 C 3 B 4 D
1 B 2 B 3 C 4 B 5 B

PAGE 16
Articles indéfinis
1 B 2 C 3 B 4 C 5 B 6 B 7 C 8 A
1 B 2 A 3 B 4 C 5 C

PAGE 17
Prépositions (**a, con, in**)
1 B 2 A 3 C 4 B 5 C 6 B 7 B

PAGE 18
Prépositions (**in, a, con, di, da, tra**)
1 B 2 A 3 A 4 B 5 A 6 B

PAGE 19
Dire son âge ou sa profession
1 B 2 A 3 B 4 A 5 B 6 B

PAGE 19
Faire connaissance, parler de soi
1 B 2 C 3 A 4 C 5 C

PAGE 20
Exercice de traduction
1 B 2 A 3 B 4 B 5 B

Vous avez obtenu entre 0 et 15 ? Reprenez chaque question en regardant les endroits où vous avez fait des erreurs.

Vous avez obtenu entre 16 et 31 ? C'est très moyen, mais ne vous découragez pas.

Vous avez obtenu entre 32 et 47 ? Formidable ! Analysez les erreurs et, si besoin, révisez la ou les notions que vous ne maîtrisez pas complètement.

Vous avez obtenu 48 et plus ? Bravissimo!

Module 3
LE BASI

Focus Verbes du premier groupe en *-are* au présent de l'indicatif

*Complétez avec la forme correcte du verbe en **-are** au présent de l'indicatif.*

1. Voi ... tedesco?
   - **A** parla
   - **B** parlate
   - **C** parli

2. Scusa, (io) ti ...?
   - **A** disturbate
   - **B** disturbo
   - **C** disturbi

3. La signorina ... una macchina nuova.
   - **A** desiderano
   - **B** desideri
   - **C** desidera

4. Gli studenti ... l'insegnante per le ottime lezioni.
   - **A** ringraziano
   - **B** ringrazia
   - **C** ringraziate

5. Agnese ... l'ufficio turistico per avere delle informazioni.
   - **A** chiamiamo
   - **B** chiami
   - **C** chiama

6. Che informazione ..., signorina?
   - **A** desiderate
   - **B** desideri
   - **C** desidera

Choisissez la bonne phrase où insérer le verbe indiqué.

Corrigé page 36

1. visitiamo
   - **A** Oggi i ragazzi olandesi ... i monumenti più famosi della città.
   - **B** Oggi io e i ragazzi olandesi ... i monumenti più famosi della città.
   - **C** Oggi tu e i ragazzi olandesi ... i monumenti più famosi della città.

2. insegna
   - **A** Il professore ... russo all'università.
   - **B** I professori ... russo all'università.
   - **C** Io e il professore ... russo all'università.

Module 3
LE BASI

Corrigé page 36

3. arrivano
   - **A** Molti turisti ... fin qui in macchina.
   - **B** Molta gente ... fin qui in macchina.
   - **C** Il nostro amico canadese ... fin qui in macchina.

4. passo
   - **A** Teo ... da te tra dieci minuti.
   - **B** Io e Teo ... da te tra dieci minuti.
   - **C** (Io) ... da te tra dieci minuti.

5. lavori
   - **A** (Io) ... in casa.
   - **B** (Tu) ... in casa.
   - **C** Le mie amiche ... in casa.

> **Astuce** La gente, *les gens*, est singulier en italien.

Complétez avec la forme correcte du verbe au présent de l'indicatif.

1. A scuola i ragazzi ... la storia.
   - **A** impari   **B** imparo   **C** imparano   **D** impariamo

2. Lo studente ... informazioni sui monumenti ai turisti.
   - **A** dà   **B** do   **C** dai   **D** date

3. Io e il mio collega ci ... per il ritardo!
   - **A** scusate   **B** scusiamo   **C** scusi   **D** scusano

4. Come ... tu e tuo marito?
   - **A** stanno   **B** sta   **C** state   **D** stiamo

> **Astuce** Le verbe **stare** est utilisé pour demander à quelqu'un comment il va : **Come stai? – Sto bene, grazie**, *Comment vas-tu ? – Je vais bien, merci.*

Module 3
LE BASI

Focus Morphologie des noms et des adjectifs en *-e*

Choisissez l'expression au singulier correspondant à celle donnée au pluriel.

1. I ragazzi veloci.
   - **A** Il ragazzo veloce.
   - **B** Il ragazze veloce.
   - **C** Il ragazzo velocio.

2. Gli agenti di polizia gentili.
   - **A** L'agente di polizia gentilo.
   - **B** L'agento di polizia gentilo.
   - **C** L'agente di polizia gentile.

3. I signori giapponesi.
   - **A** Il signoro giapponesi.
   - **B** Il signore giapponese.
   - **C** Il signoro giapponeso.

4. I bravi insegnanti.
   - **A** Il brave insegnante.
   - **B** Il bravo insegnante.
   - **C** Il bravo insegnanto.

5. I vigili attenti al traffico.
   - **A** Il vigile attente al traffico.
   - **B** Il vigile attento al traffico.
   - **C** Il vigilo attente al traffico.

Astuce Quand un nom (ou un adjectif) au masculin singulier en **-e** (féminin singulier en **-e**, pluriel des deux genres en **-i**) accompagne un nom (ou un adjectif) au masculin singulier en **-o** (pluriel en **-i**, féminin singulier en **-a**, pluriel des deux genres en **-e**), il faut faire attention à bien les accorder. Il faut prendre en compte la morphologie de chacun, et donc leur propre terminaison, par exemple : masculin **il ragazzo olandese**, féminin **la ragazza olandese**, etc.

Module 3
LE BASI

Choisissez la forme correcte de l'adjectif à associer au nom indiqué.

Corrigé page 36

1. la ragazza ...
   - **A** tristo
   - **B** tristi
   - **C** triste
   - **D** trista

2. le studentesse ...
   - **A** puntuale
   - **B** puntuala
   - **C** puntuali
   - **D** puntualo

3. l'insegnante ...
   - **A** bologneso
   - **B** bolognesi
   - **C** bolognese
   - **D** bolognesa

4. le colleghe
   - **A** gentila
   - **B** gentili
   - **C** gentile
   - **D** gentilo

Focus Articles contractés *(preposizioni articolate)*

Complétez avec l'article contracté qui convient.

1. Abbiamo bisogno di informazioni ... laurea triennale in storia.
   - **A** sulla
   - **B** sul
   - **C** nella

2. Arrivo ... macchina della mia vicina.
   - **A** nella
   - **B** con la
   - **C** sulla

3. I monumenti ... mia città sono molto belli.
   - **A** del
   - **B** della
   - **C** con la

4. Veniamo direttamente ... ufficio.
   - **A** nel
   - **B** dal
   - **C** dall'

Module 3
LE BASI

5. Ho una casa ... lago da tanti anni.

   A sullo　　　　**B** nel　　　　**C** sul

> **Astuce** Les prépositions ne forment pas toutes un article contracté quand elles précèdent un article défini. **Per**, **tra** et **fra** restent toujours séparées de l'article, **con** fusionne rarement avec, sauf **con + il = col, con + i = coi, con + gli = cogli**.

Choisissez la bonne phrase où insérer l'article contracté indiqué.

1. alle

   A Il vigile dà informazioni ... turisti portoghesi.

   B Il vigile dà informazioni ... turiste portoghesi.

   C Il vigile dà informazioni ... turista portoghese.

2. sullo

   A Il depliant è ... tavolo.

   B Il depliant è ... scrivania.

   C Il depliant è ... scaffale.

3. nelle

   A Molta gente arriva ... nostre belle città.

   B Molta gente arriva ... nostra bella città.

   C Molta gente arriva ... nostro bel paese.

4. dal

   A Sono appena arrivata ... università.

   B Sono appena arrivata ... lavoro.

   C Sono appena arrivata ... casa di Lara.

5. con i

   A Abbiamo parlato ... nostre vicine.

   B Abbiamo parlato ... nostro vicino.

   C Abbiamo parlato ... nostri vicini.

Module 3
LE BASI

Focus Prépositions *(su, in, da)*

Complétez avec la bonne préposition, formant ou non un article contracté.

1. Vado al lavoro … bicicletta.
   - **A** da
   - **B** in
   - **C** su

2. Venezia e Firenze sono città … visitare assolutamente.
   - **A** su
   - **B** da
   - **C** in

Corrigé page 36

3. È un film … storia di Roma.
   - **A** in
   - **B** sulla
   - **C** da

4. Sirmione è … lago di Garda.
   - **A** sul
   - **B** nel
   - **C** dal

5. Abitano … centro della città.
   - **A** del
   - **B** nel
   - **C** di

6. Chiedo un'informazione … vigile.
   - **A** al
   - **B** a
   - **C** alle

7. È un libro … spagnolo.
   - **A** nello
   - **B** su
   - **C** in

8. A Bologna abbiamo una casa … colli.
   - **A** nei
   - **B** sui
   - **C** sugli

Astuce Dans les expressions impersonnelles avec le verbe **essere**, le sujet (correspondant au *ce* français) n'est jamais exprimé : *C'est en Italie* = **È in Italia**.

Module 3
LE BASI

Focus Formes de politesse

Choisissez la phrase à la forme de politesse (vous) correspondant à la forme informelle indiquée (tu).

1. Ciao, di dove sei?
   - **A** Buongiorno, di dov'è?
   - **B** Buongiorno, di dove siete?

2. Come ti chiami?
   - **A** Come si chiamano?
   - **B** Come si chiama?

3. Dove abiti?
   - **A** Dove abita?
   - **B** Dove abitano?

4. Da quanto tempo sei qui?
   - **A** Da quanto tempo siete qui?
   - **B** Da quanto tempo è qui?

5. Piacere, sono Teo. E tu?
   - **A** Piacere sono Teo. E voi?
   - **B** Piacere sono Teo. E lei?

6. Ti ringrazio tanto!
   - **A** Li ringrazio tanto!
   - **B** La ringrazio tanto!

7. Posso sedermi vicino a te?
   - **A** Posso sedermi vicino a lei?
   - **B** Posso sederla vicino a te?

8. Che lavoro fai?
   - **A** Che lavoro fate?
   - **B** Che lavoro fa?

Astuce La forme de politesse étant la troisième personne du singulier au féminin (**Lei** correspondant à un ancien **Vossignoria**, *Votre Seigneurie*), les pronoms compléments qui y sont associés sont ceux de cette personne, accordés au féminin : **La saluto**, *Je vous salue* (littéralement « je la salue »), **Non si disturbi**, *Ne vous dérangez pas* (littéralement « ne se dérange »).

Module 3
LE BASI

Choisissez la traduction correcte en italien.

1. Excusez-moi si je vous dérange, Monsieur.
   - Ⓐ Scusa se ti disturbo, signore.
   - Ⓑ Scusi se lo disturbo, signore.
   - Ⓒ Scusi se la disturbo, signore.

2. Je vous remercie, vous êtes très gentil.
   - Ⓐ La ringrazio, lei è molto gentile.
   - Ⓑ Vi ringrazio, voi siete molto gentile.
   - Ⓒ Lo ringrazio, lei è molto gentile.

3. Je suis de Milan, et vous, vous êtes d'où ?
   - Ⓐ Io sono di Milano, e tu di dov'è?
   - Ⓑ Io sono di Milano, e lei di dove sei?
   - Ⓒ Io sono di Milano, e lei di dov'è?

4. Bonjour, comment allez-vous ?
   - Ⓐ Buongiorno, come sta?
   - Ⓑ Buongiorno, come stai?
   - Ⓒ Buongiorno, come state?

5. Je m'appelle Carlo, et vous, comment vous vous appelez ?
   - Ⓐ Io mi chiamo Carlo, e lei come ti chiama?
   - Ⓑ Io mi chiamo Carlo, e lei come si chiami?
   - Ⓒ Io mi chiamo Carlo, e lei come si chiama?

6. Vous ne me dérangez pas du tout !
   - Ⓐ Lei non mi disturbo affatto!
   - Ⓑ Lei non mi disturbate affatto!
   - Ⓒ Lei non mi disturba affatto!

Corrigé page 36

Module 3
VOCABOLARIO E FRASI IDIOMATICHE

Verbes

parlare *parler*

(io) parlo *je parle*	**(noi) parliamo** *nous parlons*
(tu) parli *tu parles*	**(voi) parlate** *vous parlez*
(lui, lei, si) parla *il, elle, on parle*	**(loro) parlano** *ils, elles parlent*

arrivare	*arriver*
chiamare	*appeler*
chiedere	*demander*
dare	*donner*
desiderare	*désirer*
disturbare	*déranger*
imparare	*apprendre*
insegnare	*enseigner*
ringraziare	*remercier*
scusare	*excuser*
stare	*rester*, *être*
visitare	*visiter*

Noms et adjectifs

l'agente	*l'agent*
attento	*attentif*
la bicicletta	*le vélo*
bolognese	*bolonais*
canadese	*canadien*
il centro	*le centre*
il colle	*la colline*
il film (pl. i film)	*le film*

Module 3
VOCABOLARIO E FRASI IDIOMATICHE

la gente (sing.)	*les gens*
giapponese	*japonais*
gentile	*gentil*
l'informazione (f.)	*le renseignement*
il lago (pl. i laghi)	*le lac*
il libro	*le livre*
la macchina	*la voiture*
il marito	*le mari*
il monumento	*le monument*
olandese	*hollandais*
la polizia	*la police*
portoghese	*portugais*
puntuale	*ponctuel*
il ritardo	*le retard*
russo	*russe*
lo scaffale	*l'étagère*
la scrivania	*le bureau* (meuble)
la signorina	*la demoiselle*
la storia	*l'histoire*
il tavolo	*la table*
tedesco (pl. tedeschi)	*allemand*
il traffico	*la circulation*
triste	*triste*
il turista (pl. i turisti)	*le touriste*
l'ufficio	*le bureau* (pièce)
veloce	*rapide*

Module 3
VOCABOLARIO E FRASI IDIOMATICHE

il vigile	*l'agent de police municipale*
l'università (pl. le università)	*l'université*

Adverbes

affatto	*pas du tout*
assolutamente	*absolument*
direttamente	*directement*
fino	*jusque*
qui	*ici*
fin qui	*jusque-là*

Locutions / Phrases essentielles

Scusi, la disturbo?	*Excusez-moi, je vous dérange ?*
Come sta/come stai?	*Comment allez-vous ? / Comment vas-tu ?*

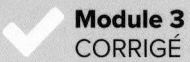

Module 3
CORRIGÉ

Le basi

PAGES 25-26

Verbes du premier groupe en **-are** au présent de l'indicatif

1 **B** 2 **B** 3 **C** 4 **A** 5 **C** 6 **C**
1 **B** 2 **A** 3 **A** 4 **C** 5 **B**
1 **C** 2 **A** 3 **B** 4 **C**

PAGES 27-28

Morphologie des noms et des adjectifs en **-e**

1 **A** 2 **C** 3 **B** 4 **B** 5 **B**
1 **C** 2 **C** 3 **C** 4 **B**

PAGES 28-29

Articles contractés **(preposizioni articolate)**

1 **A** 2 **B** 3 **B** 4 **C** 5 **C**
1 **B** 2 **C** 3 **A** 4 **B** 5 **C**

PAGE 30

Prépositions **(su, in, da)**

1 **B** 2 **B** 3 **B** 4 **A** 5 **B** 6 **A** 7 **C** 8 **B**

PAGES 31-32

Formes de politesse

1 **A** 2 **B** 3 **A** 4 **B** 5 **B** 6 **B** 7 **A** 8 **B**
1 **C** 2 **A** 3 **C** 4 **A** 5 **C** 6 **C**

Vous avez obtenu entre 0 et 14 ? Reprenez chaque question en regardant les endroits où vous avez fait des erreurs.

Vous avez obtenu entre 15 et 30 ? C'est très moyen, mais ne vous découragez pas.

Vous avez obtenu entre 31 et 46 ? Formidable ! Analysez les erreurs et, si besoin, révisez la ou les notions que vous ne maîtrisez pas complètement.

Vous avez obtenu 47 et plus ? Bravissimo!

Module 4
LE BASI

Focus — Verbes du deuxième groupe en -ere au présent de l'indicatif

Complétez avec la forme correcte du verbe au présent de l'indicatif.

1. Sono in ritardo, ... al lavoro! Arrivederci!
   - **A** corri
   - **B** corro
   - **C** correte
   - **D** corre

2. Da questa terrazza io e i miei amici ... un bel paesaggio.
   - **A** vedete
   - **B** vedo
   - **C** vediamo
   - **D** vedono

3. Tu e Lara ... sempre dei bei voti all'università!
   - **A** prendete
   - **B** prendiamo
   - **C** prendi
   - **D** prendono

4. Questo negozio ... soprattutto ai turisti.
   - **A** vende
   - **B** vendete
   - **C** vendo
   - **D** vendono

5. Anna ... la finestra perché ha freddo.
   - **A** chiudiamo
   - **B** chiudete
   - **C** chiudo
   - **D** chiude

6. Il professore a lezione ... spesso le stesse cose.
   - **A** ripeti
   - **B** ripete
   - **C** ripetete
   - **D** ripeto

7. Tu e tuo marito ... sempre prima di prendere una decisione.
   - **A** rifletto
   - **B** rifletti
   - **C** riflettiamo
   - **D** riflettete

8. Giovanna e Aurora non ... la città.
   - **A** conosce
   - **B** conoscono
   - **C** conosciamo
   - **D** conosci

Focus — Forme négative

Choisissez la phrase négative correspondant à celle donnée à l'affirmative.

1. Lei risponde al telefono.
   - **A** Lei risponde non al telefono.
   - **B** Lei non risponde al telefono.
   - **C** Lei risponde al telefono non.

Corrigé page 49

Module 4
LE BASI

2. I colleghi vanno al lavoro in autobus.

   A I colleghi vanno non al lavoro in autobus.

   B I colleghi vanno al lavoro non in autobus.

   C I colleghi non vanno al lavoro in autobus.

Corrigé page 49

3. Ho molti amici.

   A Non ho molti amici.

   B Ho molti amici non.

   C No ho molti amici.

4. Il vigile è molto gentile.

   A Il vigile è molto no gentile.

   B Il vigile è molto gentile non.

   C Il vigile non è molto gentile.

5. Ci sono posti liberi vicino a me.

   A Ci sono non posti liberi vicino a me.

   B Ci sono posti liberi vicino a me non.

   C Non ci sono posti liberi vicino a me.

Focus Forme interrogative

Choisissez la phrase interrogative correspondant à celle donnée à l'affirmative.

1. La mia borsa è a casa.

   A È la mia borsa a casa?

   B La mia borsa è a casa?

   C A casa è la mia borsa?

2. Tu leggi nel tempo libero.

   A Leggi nel tempo tu libero?

   B Nel tempo tu leggi libero?

   C Tu leggi nel tempo libero?

Module 4
LE BASI

3. Tu e la tua famiglia abitate qui da tanto tempo.

    Ⓐ Tu e la tua famiglia abitate qui da tanto tempo?

    Ⓑ Tu e la tua famiglia qui da tanto tempo abitate?

    Ⓒ Abitano qui tu e la tua famiglia da tanto tempo?

4. Milano è la sua città d'origine.

    Ⓐ Milano la sua città d'origine è?

    Ⓑ È Milano la città d'origine sua?

    Ⓒ Milano è la sua città d'origine?

5. Per il centro andiamo sempre dritto.

    Ⓐ Per il centro sempre dritto andiamo?

    Ⓑ Andiamo per il centro sempre dritto?

    Ⓒ Per il centro andiamo sempre dritto?

Focus Accord article, nom et adjectif

Choisissez le pluriel correct du singulier indiqué.

1. il prezzo conveniente

    Ⓐ le prezze conveniente

    Ⓑ i prezzi convenienti

    Ⓒ i prezzi conveniente

2. un'occasione importante

    Ⓐ delle occasione importante

    Ⓑ delle occasioni importanti

    Ⓒ delle occasione importanti

3. un vigile paziente

    Ⓐ dei vigili pazienti

    Ⓑ delle vigile paziente

    Ⓒ dei vigile pazienti

Module 4
LE BASI

Corrigé page 49

4. una proposta eccezionale
   - **A** delle proposte eccezionale
   - **B** delle proposte eccezionali
   - **C** dei proposti eccezionali

5. il risultato eccellente
   - **A** i risultati eccellenti
   - **B** le risultate eccellente
   - **C** i risultati eccellente

Choisissez le féminin correct du masculin indiqué.

1. il paziente simpatico
   - **A** la pazienta simpatica
   - **B** la paziente simpatica

2. il commesso gentile
   - **A** la commessa gentila
   - **B** la commessa gentile

3. il vicino milanese
   - **A** la vicina milanesa
   - **B** la vicina milanese

4. il cliente fortunato
   - **A** la clienta fortunata
   - **B** la cliente fortunata

5. l'amico interessante
   - **A** l'amica interessante
   - **B** l'amica interessanta

Module 4
LE BASI

Focus *c'è – ci sono*

*Choisissez la bonne phrase où insérer **c'è** ou **ci sono**.*

1. C'è
   - **A** ... dei posti liberi?
   - **B** ... un posto libero?
   - **C** ... due posti liberi?

2. Ci sono
   - **A** ... una pasta al cioccolato.
   - **B** ... molte paste alla crema.
   - **C** ... solo una pasta alla crema.

3. c'è
   - **A** Oggi ... i negozi aperti.
   - **B** Oggi ... solo un negozio aperto.
   - **C** Oggi ... tutti i negozi chiusi.

4. Ci sono
   - **A** ... musei interessanti in questa città?
   - **B** ... un museo interessante in questa città?
   - **C** ... solo un museo in questa città?

5. C'è
   - **A** ... solo scarpe rosse?
   - **B** ... solo due paia di scarpe rosse?
   - **C** ... un solo paio di scarpe rosse?

Module 4
LE BASI

Focus Préposition *a* ou *ad*

*Complétez avec **ad** seulement quand son utilisation est possible.*

Corrigé page 49

1. Arianna va ... Ancona.
   - **A** a
   - **B** ad

2. Ha dato il libro ... una sua amica.
   - **A** a
   - **B** ad

3. Domenica andiamo ... Venezia.
   - **A** a
   - **B** ad

4. Dico ... Andrea di venire qui.
   - **A** a
   - **B** ad

5. Fanno un regalo ... Francesca.
   - **A** a
   - **B** ad

6. Vado ... aprire la porta.
   - **A** ad
   - **B** a

Astuce Devant une voyelle, la préposition **a** devient **ad**. Cet ajout d'un **d** euphonique n'est pas obligatoire, mais c'est néanmoins très fréquent (on peut dire **Parlo ad Angelo** ou **Parlo a Angelo**, *Je parle à Angelo*).

Focus *Solo* : adverbe ou adjectif ?

*Choisissez la bonne phrase où insérer l'adverbe invariable **solo** ou la forme de l'adjectif **solo** indiquée.*

1. solo
   - **A** Costa ... dieci euro.
   - **B** Questa gonna costa ...

2. sola
   - **A** Luciana era ... o con suo marito?
   - **B** Esco ... un'ora.

3. solo
   - **A** Prendo ... un paio di scarpe.
   - **B** Prendo queste ... quelle.

Module 4
LE BASI

4. sole
   - **A** Andiamo ... ristorante?
   - **B** Andate ... o con amici?

5. sola
   - **A** La mia amica viene ...
   - **B** Ci sono ... spaghetti?

6. solo
   - **A** A cena viene ... una mia amica.
   - **B** ... arriva una mia amica.

> **Astuce** **Solo** (masculin pluriel **soli**, féminin **sola**, **sole** au pluriel) est à la fois un adjectif correspondant à *seul* en français, et un adverbe (invariable) qui signifie *seulement*.

Choisissez la traduction correcte en italien.

1. J'ai seulement une paire de chaussures.
   - **A** Ho sole un paio di scarpe.
   - **B** Ho solo un paio di scarpe.
   - **C** Ha solo un paio di scarpe.

Corrigé page 49

2. Elle vit toute seule.
   - **A** Viva sola.
   - **B** Vive sole.
   - **C** Vive sola.

3. Je vous le répète une seule fois.
   - **A** Ve lo ripeto una sola volta.
   - **B** Ve lo ripete una sola volta.
   - **C** Ve lo ripeto una solo volta.

4. À la maison, il n'y a que mon frère.
   - **A** A casa c'è solo mio fratello.
   - **B** A casa ci sono solo mio fratello.
   - **C** A casa c'è sola mio fratello.

Module 4
LE BASI

Focus **Exercice de traduction**

Choisissez la traduction correcte en italien.

1. Combien ça coûte ?
   - **A** Quanto costano?
   - **B** Quale costa?
   - **C** Quanto costa?

2. Excusez-moi, j'ai besoin d'un renseignement.
   - **A** Scusa, ho bisogno di un'informazione.
   - **B** Scusi, ha bisogno di un'informazione.
   - **C** Scusi, ho bisogno di un'informazione.

3. À quelle heure fermez-vous, Monsieur ?
   - **A** A che ora chiudi, signore?
   - **B** A che ora chiudete, signori?
   - **C** A che ora chiude, signore?

4. Les chaussures noires coûtent seulement 60 euros.
   - **A** Le scarpe nere costano solo sessanta euro.
   - **B** Le scarpe nere costa solo sessanta euro.
   - **C** Le scarpe nere sole costano sessanta euro.

5. Je suis désolé, je n'ai pas compris.
   - **A** Mi dispiace, non ho capito.
   - **B** Mi dispiace, non abbiamo capito.
   - **C** Mi dispiace, non ha capito.

6. Vous pouvez répéter, s'il vous plaît ?
   - **A** Possiamo ripetere, per favore?
   - **B** Può ripetere, per favore?
   - **C** Puoi ripetere, per favore?

Module 4
VOCABOLARIO E FRASI IDIOMATICHE

7. Votre offre est très intéressante !

    A La sua offerta è molto convenienta!

    B La sua offerta è molto conveniente!

    C La tua offerta è molto conveniente!

Verbes

prendere *prendre*

(io) prendo *je prends*	**(noi) prendiamo** *nous prenons*
(tu) prendi *tu prends*	**(voi) prendete** *vous prenez*
(lui, lei, si) prende *il, elle, on prend*	**(loro) prendono** *ils, elles prennent*

capire	*comprendre*
chiedere	*demander*
chiudere	*fermer*
conoscere	*connaître*
correre	*courir*
costare	*coûter*
dispiacere	*déplaire, être désolé*
mettere	*mettre*
ridere	*rire*
riflettere	*réfléchir*
ripetere	*répéter*
rispondere	*répondre*
vedere	*voir*
vendere	*vendre*

Module 4
VOCABOLARIO E FRASI IDIOMATICHE

Noms et adjectifs

aperto	*ouvert*
la borsa	*le sac*
il bambino	*l'enfant*
il caffè (pl. i caffè)	*le café*
la cena	*le dîner*
chiuso	*fermé*
il cioccolato	*le chocolat*
il cliente	*le client*
conveniente	*intéressant* (bon marché)
la cosa	*la chose*
la crema	*la crème*
la decisione	*la décision*
il direttore	*le directeur*
dritto	*droit*
eccellente	*excellent*
eccezionale	*exceptionnel*
l'euro (pl. gli euro)	*l'euro*
la finestra	*la fenêtre*
fortunato	*chanceux*
il freddo	*le froid*
la gonna	*la jupe*
importante	*important*
interessante	*intéressant*
la mail (pl. le mail)	*l'e-mail*
il museo	*le musée*

Module 4
VOCABOLARIO E FRASI IDIOMATICHE

il negozio	*le magasin*
l'occasione	*l'occasion*
l'offerta	*l'offre*
l'ora	*l'heure*
l'origine	*l'origine*
il paesaggio	*le paysage*
il paio (pl. le paia)	*la paire*
la pasta	*la pâtisserie*
paziente	*patient*
la persona	*la personne*
la porta	*la porte*
il prezzo	*le prix*
la proposta	*la proposition*
il regalo	*le cadeau*
il ristorante	*le restaurant*
il risultato	*le résultat*
rosso	*rouge, roux*
la scarpa	*la chaussure*
simpatico	*sympathique*
solo	*seul*
stesso	*même*
la tasca	*la poche*
la tazza	*la tasse*
il telefono	*le téléphone*
la terrazza	*la terrasse*
il voto	*la note*

Module 4
VOCABOLARIO E FRASI IDIOMATICHE

Adverbes et conjonctions

durante	*pendant*
perché	*pourquoi, parce que*
prima	*avant*
sempre	*toujours*
solo	*seulement*
soprattutto	*surtout*

Locutions / Phrases essentielles

Mi dispace.	*Je suis désolé.*
Arrivederci!	*Au revoir !*

Module 4
CORRIGÉ

Le basi

PAGE 37
Verbes du deuxième groupe en **-ere** au présent de l'indicatif
1 **B** 2 **C** 3 **A** 4 **A** 5 **D** 6 **B** 7 **D** 8 **B**

PAGE 37
Forme négative
1 **B** 2 **C** 3 **A** 4 **C** 5 **C**

PAGE 38
Forme interrogative
1 **B** 2 **C** 3 **A** 4 **C** 5 **C**

PAGES 39-40
Accord article, nom et adjectif
1 **B** 2 **B** 3 **A** 4 **B** 5 **A**
1 **B** 2 **B** 3 **B** 4 **B** 5 **A**

PAGE 41
c'è – ci sono
1 **B** 2 **B** 3 **B** 4 **A** 5 **C**

PAGE 42
Préposition **a** ou **ad**
1 **B** 2 **B** 3 **A** 4 **B** 5 **A** 6 **A**

PAGES 42-43
Solo : adverbe ou adjectif ?
1 **A** 2 **A** 3 **A** 4 **B** 5 **A** 6 **A**
1 **B** 2 **C** 3 **A** 4 **A**

PAGE 44
Exercice de traduction
1 **C** 2 **C** 3 **C** 4 **A** 5 **A** 6 **B** 7 **B**

Vous avez obtenu entre 0 et 14 ? Reprenez chaque question en regardant les endroits où vous avez fait des erreurs.

Vous avez obtenu entre 15 et 30 ? C'est très moyen, mais ne vous découragez pas.

Vous avez obtenu entre 31 et 46 ? Formidable ! Analysez les erreurs et, si besoin, révisez la ou les notions que vous ne maîtrisez pas complètement.

Vous avez obtenu 47 et plus ? Bravissimo!

Module 5
LE BASI

Focus Verbes du troisième groupe en *-ire* au présent de l'indicatif

Complétez avec la forme correcte du verbe au présent de l'indicatif.

1. A che ora ... il tuo treno?
   - **A** parti
   - **B** partono
   - **C** parte

2. Mio fratello ... bene il tedesco.
   - **A** capisci
   - **B** capisce
   - **C** capite

3. In nave (io) ... il mal di mare.
   - **A** soffro
   - **B** soffriamo
   - **C** soffrono

4. Le mie sorelle ... le paste al cioccolato.
   - **A** preferisco
   - **B** preferiscono
   - **C** preferisce

5. Io e Alice ... lo stage tra una settimana.
   - **A** finiscono
   - **B** finiamo
   - **C** finite

Corrigé page 61

Astuce Souvenez-vous qu'il existe deux types de verbes du troisième groupe en **-ire** : ceux comme **partire**, où les désinences suivent directement le radical (**parto**), et ceux comme **finire**, où le suffixe **-isc-** se trouve entre le radical et la désinence (**finisco**), mais seulement aux trois personnes du singulier et à la troisième du pluriel. Les uns et les autres sont réguliers.

Choisissez le verbe au singulier correspondant à celui au pluriel dans chaque phrase.

1. Io e mio cugino preferiamo le città piccole.
   - **A** Io prefero ...
   - **B** Io preferisco ...
   - **C** Io preferite ...

2. Non capiscono le istruzioni.
   - **A** Non capisce ...
   - **B** Non capisco ...
   - **C** Non capire ...

3. Tu e Giovanni finite sempre per primi.
   - **A** Tu fini ...
   - **B** Tu finiri ...
   - **C** Tu finisci ...

Module 5
LE BASI

4. Le mie figlie soffrono spesso di mal di testa.
   - **A** Mia figlia soffrisce ...
   - **B** Mia figlia soffre ...
   - **C** Mia figlia soffri ...

5. Io e mia madre partiamo adesso.
   - **A** Io partisco ...
   - **B** Io parte ...
   - **C** Io parto ...

Focus Verbes en *-care* et en *-gare* au présent de l'indicatif

Complétez avec la forme correcte du verbe au présent de l'indicatif.

Corrigé page 61

1. Io e mio padre ... un bar aperto.
   - **A** cerciamo
   - **B** cerchiamo
   - **C** cercate

2. Tu ... a tennis.
   - **A** giocamo
   - **B** giochi
   - **C** giociamo

3. Noi ... la biancheria.
   - **A** pieghiamo
   - **B** piegi
   - **C** piego

4. Tuo fratello ... il caffè.
   - **A** paghi
   - **B** paga
   - **C** paghiamo

5. Io e mia sorella ... sempre le scarpe.
   - **A** sporciamo
   - **B** sporca
   - **C** sporchiamo

Focus Pluriels particuliers

Choisissez le pluriel correct du singulier indiqué.

1. la mia amica greca
   - **A** le mie amiche grece
   - **B** le mie amice greche
   - **C** le mie amiche grech

Module 5
LE BASI

Corrigé page 61

2. la pesca fresca
   - **A** le pesce fresce
   - **B** le pesche fresche
   - **C** le pesche fresce

3. il cugino ricco
   - **A** i cugini ricchi
   - **B** i cugini ricci
   - **C** i cugini ricche

4. un grande parco
   - **A** dei grandi parchi
   - **B** dei grande parchi
   - **C** dei grandi parci

5. la città interessante
   - **A** le cité interessante
   - **B** le città interessanti
   - **C** le cité interessanti

6. la lezione lunga
   - **A** le lezione lunge
   - **B** le lezione lunghe
   - **C** le lezioni lunghe

Focus Féminins particuliers

Choisissez le féminin correct du masculin indiqué.

1. i dottori simpatici
   - **A** le dottore simpatiche
   - **B** le dottoresse simpatiche
   - **C** le dottoresse simpatice

Module 5
LE BASI

2. lo studente inglese
   - **A** la studentessa inglesa
   - **B** la studenta inglesa
   - **C** la studentessa inglese

> Corrigé page 61

3. i conti ricchi
   - **A** le contesse ricce
   - **B** le contesse ricche
   - **C** la contessa ricca

4. il principe canadese
   - **A** la principessa canadese
   - **B** la principa canadesa
   - **C** la principessa canadesa

5. un grande leone.
   - **A** una grande leona
   - **B** una granda leonessa
   - **C** una grande leonessa

Focus Adjectifs et pronoms possessifs

Complétez avec le bon adjectif ou pronom possessif, avec ou sans article.

1. Leo è ... figlio.
   - **A** sua
   - **B** tuoi
   - **C** suo
   - **D** il suo

2. Chiara e Marta sono ... sorelle.
   - **A** mia
   - **B** le nostre
   - **C** loro
   - **D** nostre

3. Anna prende ... borsa e io prendo ...
   - **A** la sua / la mia
   - **B** la sua/vostre
   - **C** mia/nostre
   - **D** il suo / il mio

Module 5
LE BASI

Corrigé page 61

4. ... genitori stasera cenano da noi.
   - A) suoi
   - B) le nostre
   - C) i tuoi
   - D) mie

5. Io e ... fratelli cerchiamo un appartamento molto grande.
   - A) nostre
   - B) il tuo
   - C) miei
   - D) i miei

6. Tu paghi solo ... pranzo.
   - A) i miei
   - B) il tuo
   - C) tuo
   - D) tuoi

7. Carlo capisce ... problema.
   - A) la vostra
   - B) vostro
   - C) il vostro
   - D) mia

Astuce Il faut toujours un article défini devant les adjectifs possessifs, sauf quand il précède le nom d'une relation de parenté, mais seulement au singulier : **mio nonno**, *mon grand-père*, **i miei nonni**, *mes grands-parents*.

Focus Prépositions *(da, con, per)*

Complétez avec la préposition ou l'article contracté qui convient.

1. Da una settimana abito ... miei amici greci.
   - A) da
   - B) dai
   - C) per
   - D) con

2. Stasera ceniamo ... nonna.
   - A) coi
   - B) dai
   - C) dalla
   - D) tra

3. Non ho ... me la patente.
   - A) con
   - B) col
   - C) su
   - D) per

4. Più tardi passiamo ... te.
   - A) dal
   - B) con il
   - C) a
   - D) da

5. Facciamo un viaggio ... i cugini e gli zii.
   - A) dagli
   - B) con
   - C) tra
   - D) da

6. Dormi ... me stasera?
   - A) per
   - B) a
   - C) da
   - D) nel

Module 5
LE BASI

> **Astuce** La préposition **da** correspond à *chez*. La préposition **con** peut indiquer le fait d'avoir un objet sur soi : **Non ce l'ho con me**, *Je ne l'ai pas sur moi.*

Focus Vocabulaire : les liens de parenté

Choisissez le mot correspondant à chaque définition.

Corrigé page 61

1. Il padre del padre o della madre.
   - **A** la zia
   - **B** il nonno
   - **C** la nonna

2. La sorella del padre o della madre.
   - **A** la zia
   - **B** la sorella
   - **C** gli zii

3. I figli della zia e dello zio.
   - **A** i fratelli
   - **B** i cugini
   - **C** i nonni

4. Gli altri figli dei nostri genitori.
   - **A** i nostri cugini
   - **B** i nostri zii
   - **C** i nostri fratelli

5. L'altra figlia di mia madre.
   - **A** mia cugina
   - **B** mia sorella
   - **C** mia zia

6. Il fratello del padre o della madre.
   - **A** lo zio
   - **B** le zie
   - **C** il figlio

> **Astuce** **I figli**, tout en étant le pluriel de **il figlio**, *le fils*, ne signifie pas seulement *les fils*, mais le plus souvent *les enfants*, au sens de la progéniture, éventuellement des deux sexes. On dira, par exemple : **Ho due figli, un maschio e una femmina**, *J'ai deux enfants, un garçon et une fille* (littéralement « un mâle et une femelle »). De la même façon, le pluriel de **il fratello** peut indiquer aussi des *sœurs* si, dans la fratrie, il y a aussi des filles : **I miei fratelli**, *Mes frères et sœurs.*

Module 5
LE BASI

Focus Expressions idiomatiques

Choisissez le sens correct de l'expression idiomatique indiquée.

1. Ecco, tocca a noi!
   - **A** Siamo proprio fortunati.
   - **B** È il nostro turno.

2. Questa applicazione ... no, non ce l'ho!
   - **A** Non la possiedo.
   - **B** Non riesco a farla.

3. Ci vogliono tutti questi documenti firmati.
   - **A** Sono necessari.
   - **B** Sono inutili.

4. Va bene!
   - **A** È facile!
   - **B** Okay!

5. Ci vuole tempo per imparare.
   - **A** Non c'è il tempo...
   - **B** È necessario tempo...

6. L'ombrello? – Ce l'ho!
   - **A** Lo possiedo!
   - **B** È bello!

7. Adesso ci vuole proprio un caffè!
   - **A** Ci portano un caffè.
   - **B** Abbiamo bisogno di un caffè.

Focus Exercice de traduction

Choisissez la traduction correcte en italien.

1. Je suis désolée, je ne comprends pas.
   - **A** Sono scusata, non capo.
   - **B** Mi dispiace, non capisco.
   - **C** Mi dispiacia, non capisco.

2. As-tu la voiture ? – Non, je ne l'ai pas.
   - **A** Ha la macchina? – No, non l'ho.
   - **B** Hai la macchina? – No, non ce l'ha.
   - **C** Hai la macchina? – No, non ce l'ho.

Module 5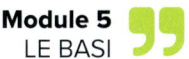
LE BASI

3. Pardon, je peux entrer ? – Je vous en prie !

    A Permesso, posso entrare? – Si accomodi!

    B Scusa, posso entrare? – Vi prego!

    C Permessi, posso entrare? – Si accomodi!

4. C'est à vous, Madame.

    A È a voi, signora.

    B Tocca a lei, signora.

    C Tocca a voi, signore.

5. Pour conduire la voiture, il faut le permis.

    A Per guidare la macchina bisogna la patente.

    B Per guidare la macchina c'è la patente.

    C Per guidare la macchina ci vuole la patente.

6. Tu viens avec nous ? – D'accord !

    A Venite con noi? – D'accordo!

    B Viene con noi? – Va bene!

    C Vieni con noi? – Va bene!

7. Tes frères sont sympathiques.

    A Tuoi fratelli sono simpatici.

    B I tuoi fratelli sono simpatichi.

    C I tuoi fratelli sono simpatici.

Astuces • Avant le verbe **avere** précédé des pronoms **lo, la, li, le**, on place souvent la particule **ce**, qui est surtout euphonique et n'a pas de signification particulière : **ce l'abbiamo**, *nous l'avons*.

• L'expression **ci vuole** (**ci vogliono** quand l'objet est pluriel), suivie directement d'un nom, indique la nécessité de quelque chose : **Per andare in centro ci vuole la macchina**, *Pour aller au centre-ville, il faut la voiture*. Quand la nécessité porte sur un verbe, on dit **bisogna** (impersonnel) : **Per andare in centro bisogna prendere l'autobus.** *Pour allez au centre-ville, il faut prendre l'autobus.*

Module 5
VOCABOLARIO E FRASI IDIOMATICHE

Verbes

partire *partir*   **finire** *finir*

(io) parto *je pars*   **(io) finisco** *je finis*
(tu) parti *tu pars*   **(tu) finisci** *tu finis*
(lui, lei, si) parte *il, elle, on part*   **(lui, lei, si) finisce** *il, elle, on finit*
(noi) partiamo *nous partons*   **(noi) finiamo** *nous finissons*
(voi) partite *vous partez*   **(voi) finite** *vous finissez*
(loro) partono *ils, elles partent*   **(loro) finiscono** *ils, elles finissent*

capire	*comprendre*
cenare	*dîner*
cercare	*chercher*
dormire	*dormir*
giocare	*jouer*
guidare	*conduire*
pagare	*payer*
piegare	*plier*
portare	*apporter*
possedere	*posséder*
preferire	*préférer*
riuscire	*arriver à (faire quelque chose)*
soffrire	*souffrir*
sporcare	*salir*

Noms et adjectifs

l'appartamento	*l'appartement*
l'applicazione	*l'application*
il bar (pl. i bar)	*le café*
la biancheria	*le linge*

Module 5
VOCABOLARIO E FRASI IDIOMATICHE

il conte (f. la contessa)	*le comte*
facile	*facile*
fresco (pl. freschi)	*frais*
grande	*grand*
greco (pl. greci, f. pl. greche)	*grec*
inglese	*anglais*
inutile	*inutile*
l'istruzione	*l'instruction, le mode d'emploi*
il leone (f. la leonessa)	*le lion*
lungo (pl. lunghi)	*long*
la macchina	*la voiture*
il mare	*la mer*
la nave	*le bateau, le navire*
necessario	*nécessaire*
l'ombrello	*le parapluie*
il parco (pl. i parchi)	*le parc*
la patente	*le permis de conduire*
la pesca (pl. le pesche)	*la pêche*
piccolo	*petit*
il pranzo	*le déjeuner*
primo	*premier*
il principe (f. la principessa)	*le prince*
il problema (pl. i problemi)	*le problème*
ricco (pl. ricchi)	*riche*
simpatico (pl. simpatici, f. pl. simpatiche)	*sympathique*

Module 5
VOCABOLARIO E FRASI IDIOMATICHE

la testa	*la tête*
il treno	*le train*
il turno	*le tour*
il viaggio	*le voyage*

Les liens de parenté

il cugino	*le cousin*
il figlio	*le fils, l'enfant* (progéniture)
il fratello	*le frère*
il genitore	*le parent*
la madre	*la mère*
il nonno	*le grand-père*
la nonna	*la grand-mère*
il padre	*le père*
la sorella	*la sœur*
lo zio	*l'oncle*
la zia	*la tante*

Adverbes et locutions adverbiales

bene	*bien*
spesso	*souvent*
stasera	*ce soir*

Locutions / Phrases essentielles

bisogna...	*il faut...* (devant un verbe)
ci vuole...	*il faut...* (devant un nom)
Permesso?	*Pardon ?* (pour entrer)
Tocca a me.	*C'est à moi.* (litt. « c'est mon tour »)
Va bene.	*D'accord.*

Module 5
CORRIGÉ

Le basi

PAGE 50
Verbes du troisième groupe en **-ire** au présent de l'indicatif
1 **C** 2 **B** 3 **A** 4 **B** 5 **B**
1 **B** 2 **A** 3 **C** 4 **B** 5 **C**

PAGE 51
Verbes en **-care** et en **-gare** au présent de l'indicatif
1 **B** 2 **B** 3 **A** 4 **B** 5 **C**

PAGE 51
Pluriels particuliers
1 **C** 2 **B** 3 **A** 4 **A** 5 **B** 6 **C**

PAGE 52
Féminins particuliers
1 **B** 2 **C** 3 **B** 4 **A** 5 **C**

PAGE 53
Adjectifs et pronoms possessifs
1 **C** 2 **B** 3 **A** 4 **C** 5 **D** 6 **B** 7 **C**

PAGE 54
Prépositions (**da**, **con**, **per**)
1 **B** 2 **C** 3 **A** 4 **D** 5 **B** 6 **C**

PAGE 55
Vocabulaire : les liens de parenté
1 **B** 2 **A** 3 **B** 4 **C** 5 **B** 6 **A**

PAGE 56
Expressions idiomatiques
1 **B** 2 **A** 3 **A** 4 **B** 5 **B** 6 **A** 7 **B**

PAGE 56
Exercice de traduction
1 **B** 2 **C** 3 **A** 4 **B** 5 **C** 6 **C** 7 **C**

Vous avez obtenu entre 0 et 15 ? Reprenez chaque question en regardant les endroits où vous avez fait des erreurs.

Vous avez obtenu entre 16 et 31 ? C'est très moyen, mais ne vous découragez pas.

Vous avez obtenu entre 32 et 47 ? Formidable ! Analysez les erreurs et, si besoin, révisez la ou les notions que vous ne maîtrisez pas complètement.

Vous avez obtenu 48 et plus ? Bravissimo!

Module 6
LE BASI

Focus — Verbes irréguliers du premier groupe en *-are* au présent de l'indicatif

Complétez avec les formes correctes des verbes au présent de l'indicatif.

Corrigé page 73

1. Come ... professore? – ... bene, grazie!
   - **A** sta/Sto
   - **B** sto/Sta
   - **C** stai/Sto
   - **D** state/Sto

2. Per pranzo (io) ... gli spaghetti al pomodoro.
   - **A** faro
   - **B** faccio
   - **C** fa
   - **D** fate

3. Sandro ... la sua giacca a Leo perché fuori ... freddo.
   - **A** do/fa
   - **B** diamo/fa
   - **C** dà/fa
   - **D** do/fai

4. Francesca e Anna ... sempre al lavoro con le scarpe coi tacchi.
   - **A** andano
   - **B** vanno
   - **C** vai
   - **D** andate

5. In questo periodo (noi) ... sconti sull'abbigliamento.
   - **A** facciamo
   - **B** fariamo
   - **C** fa
   - **D** fanno

6. (Tu) ... a Milano da molto tempo?
   - **A** state
   - **B** sta
   - **C** stai
   - **D** sto

7. Alessia ... l'insegnante.
   - **A** faccia
   - **B** fanno
   - **C** fara
   - **D** fa

8. Il vigile ... informazioni ai turisti.
   - **A** dà
   - **B** da
   - **C** dai
   - **D** danno

Astuces • Le verbe **stare** signifie *habiter* (**Sto a Roma**, *J'habite à Rome*) ou *rester* (**Stasera sto a casa, non esco**, *Ce soir je reste à la maison, je ne sors pas*). Il permet également d'indiquer l'état de santé ou de bien-être (**Come state? – Stiamo bene**, *Comment allez-vous ? – Nous allons bien*) ou de donner un avis (**Sta bene con quella giacca**, *Cette veste lui va bien*, ou même **Questa giacca ti sta bene**, *Cette veste te va bien*).
• **Fare**, *faire*, est aussi utilisé pour indiquer la profession (**Faccio il medico**, *Je suis médecin*) ou pour dire que l'on finit ou que l'on rentre tard (**Faccio tardi**, *Je finis tard* ou *Je rentre tard*).

Module 6
LE BASI

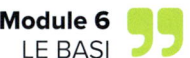

Choisissez le verbe au singulier correspondant à celui au pluriel dans chaque phrase (ou vice-versa).

1. Stiamo bene qui.
   - **A** Stao
   - **B** Sto

2. Fate solo un altro esercizio.
   - **A** Fai solo
   - **B** Fa solo

3. Danno lezioni di italano.
   - **A** Dà
   - **B** Da

4. Andiamo al bar.
   - **A** Ando
   - **B** Vado

5. Mi date la giacca?
   - **A** Mi dai
   - **B** Mi dà

6. Stanno a Roma?
   - **A** Stà
   - **B** Sta

7. Facciamo tardi.
   - **A** Fo
   - **B** Faccio

8. State da vostra sorella?
   - **A** Stai
   - **B** Sti

Focus Pluriels particuliers (suite)

Choisissez la phrase au pluriel correspondant à celle donnée au singulier.

1. Questa foto è la mia preferita.
   - **A** Queste fote sono le mie preferite.
   - **B** Queste foto sono le mie preferite.
   - **C** Queste fotesse sono le mie preferite.

Module 6
LE BASI

2. Oggi il bar del centro è chiuso per ferie.
   - **A** Oggi i bari del centro sono chiusi per ferie.
   - **B** Oggi i bars del centro sono chiusi per ferie.
   - **C** Oggi i bar del centro sono chiusi per ferie.

3. Davanti a casa nostra ci sono una moto e un camion.
   - **A** Davanti a casa ci sono delle moto e dei camions.
   - **B** Davanti a casa nostra ci sono delle mote e dei camions.
   - **C** Davanti a casa nostra ci sono delle moto e dei camion.

4. Qui l'estate è sempre molto calda e lunga.
   - **A** Qui le estati sono sempre molto calde e lunghe.
   - **B** Qui le estate sono sempre molto calde e lunge.
   - **C** Qui le estata sono sempre molto calde e lunge.

5. Va al lavoro con la sua bici.
   - **A** Vanno al lavoro con le loro bice.
   - **B** Vanno al lavoro con le loro bici.
   - **C** Vanno al lavoro con le loro bicicletta.

Focus Adjectifs et pronoms démonstratifs

Complétez avec le démonstratif qui convient.

1. ... signore con la cravatta gialla è il mio collega.
   - **A** Questa **B** Quel **C** Quelli **D** Quello

2. ... pettinatura ti sta bene.
   - **A** Quello **B** Quei **C** Questa **D** Queste

3. ... pantaloni sono nuovi.
   - **A** Quelle **B** Queste **C** Questi **D** Quel

Module 6
LE BASI

4. ... ragazza con i capelli rossi è la mia fidanzata.
   - **A** Quelle
   - **B** Quella
   - **C** Questo
   - **D** Quegli

5. Nella foto ... molto alto è mio figlio.
   - **A** quell'
   - **B** quelli
   - **C** quelle
   - **D** quello

6. Esce con ... suoi nuovi amici.
   - **A** questo
   - **B** quei
   - **C** quegli
   - **D** quel

> **Astuce** L'adjectif démonstratif **quello** se comporte comme l'article défini masculin : il devient **quel** là où il faut **il** (devant les noms commençant pas toutes les consonnes sauf **s** + consonne, **z**, **gn** et **ps**), **quell'** là où il faut **l'** (devant une voyelle), **quello** là où il faut **lo** (devant **s** + consonne, **z**, **gn** et **ps**). **Quegli** est le pluriel de **quell'** et de **quello**, **quei** est le pluriel de **quel**.

Choisissez la bonne phrase où insérer le démonstratif indiqué.

Corrigé page 73

1. Quello
   - **A** ... studente è molto bravo.
   - **B** ... ragazzo è molto bravo.

2. Queste
   - **A** ... scarpe hanno il tacco alto.
   - **B** ... tacchi sono molto alti.

3. Quell'
   - **A** ... donna è molto timida.
   - **B** ... uomo è molto timido.

4. Quegli
   - **A** ... autobus partono adesso.
   - **B** ... treni partono adesso.

5. Questo
   - **A** ... bici è molto carina.
   - **B** ... bar è molto carino.

Module 6
LE BASI

Focus L'adjectif *bello*

Complétez avec la forme correcte de **bello**.

Corrigé page 73

1. Questa ragazza ha un ... viso.
   - **A** bell'
   - **B** bel
   - **C** bella
   - **D** bello

2. Mia figlia ha dei ... occhi verdi.
   - **A** bei
   - **B** belle
   - **C** belli
   - **D** begli

3. Stasera metto delle ... scarpe eleganti.
   - **A** bella
   - **B** belli
   - **C** belle
   - **D** bel

4. Signora, dove ha comprato questa ... borsa?
   - **A** belle
   - **B** bel
   - **C** bella
   - **D** bei

5. Se piove mi porto il mio ... ombrello.
   - **A** bel
   - **B** bello
   - **C** belle
   - **D** bell'

6. Mio fratello è quello con quel ... cappello in testa.
   - **A** bello
   - **B** bel
   - **C** bei
   - **D** bella

7. Che ... capelli che ha!
   - **A** belli
   - **B** bei
   - **C** begli
   - **D** belli

8. Conosco un ... studente italiano.
   - **A** bel
   - **B** bello
   - **C** bei
   - **D** bell'

> **Astuce** L'adjectif **bello** au masculin se comporte comme **quello** (voir l'astuce précédente), alors qu'au féminin il n'a qu'une forme, **bella** au singulier et **belle** au pluriel.

Choisissez la phrase au pluriel correspondant à celle donnée au singulier.

1. Metto in valigia quel bel cappello verde.
   - **A** Metto in valigia quei belli cappelli verdi.
   - **B** Metto in valigia quei bei cappelli verdi.
   - **C** Metto in valigia quei belli cappelli verde.

Module 6
LE BASI

Corrigé page 73

2. Conosci quello studente canadese?
   - **A** Conosci quei studenti canadesi?
   - **B** Conosci quelle studente canadesi?
   - **C** Conosci quegli studenti canadesi?

3. Mette sempre quella bella maglietta bianca.
   - **A** Mette sempre quelle belle magliette bianche.
   - **B** Mette sempre quelle belle magliette biance.
   - **C** Mette sempre quei bei magliette bianche.

4. C'è un bell'uomo tra i suoi colleghi.
   - **A** Ci sono dei bel uomini tra i suoi colleghi.
   - **B** Ci sono dei begli uomini tra i suoi colleghi.
   - **C** C'è dei bei uomini tra i suoi colleghi.

5. Questo bello stivale è tutto rotto.
   - **A** Queste belle stivale sono tutte rotte.
   - **B** Questi bei stivali sono tutti rotti.
   - **C** Questi begli stivali sono tutti rotti.

Focus Vocabulaire : l'habillement

Trouvez l'« intrus » dans chaque groupe de quatre mots.

1.
   - **A** pantaloni
   - **B** stivali
   - **C** scarpe
   - **D** parchi

2.
   - **A** maglietta
   - **B** giacca
   - **C** viso
   - **D** maglione

Module 6
LE BASI

Corrigé page 73

3.
- **A** capelli
- **B** cappelli
- **C** stivali
- **D** giacche

4.
- **A** maglione
- **B** indirizzo
- **C** calza
- **D** scarpa

Focus — Vocabulaire : les adjectifs décrivant une personne

Trouvez l'« intrus », c'est-à-dire l'adjectif qui ne peut PAS être associé au nom indiqué.

1. un uomo
   - **A** conveniente
   - **B** alto
   - **C** magro

2. una donna
   - **A** timida
   - **B** gialla
   - **C** allegra

3. un viso
   - **A** bello
   - **B** interessante
   - **C** chiuso

4. un naso
   - **A** piccolo
   - **B** aperto
   - **C** grosso

5. un ragazzo
   - **A** grasso
   - **B** intelligente
   - **C** fresco

6. gli occhi
   - **A** castani
   - **B** convenienti
   - **C** grandi

7. la bocca
   - **A** piccola
   - **B** grande
   - **C** ricca

8. i capelli
   - **A** lunghi
   - **B** biondi
   - **C** timidi

Module 6
LE BASI

Focus Exercice de traduction

Choisissez la traduction correcte en italien.

1. Celui-ci, avec les cheveux blonds sur les photos des vacances, c'est mon mari.

   A Questo con i capelli biondi per le fote di vacanza è mio marito.

   B Questo con i capelli biondi nelle foto di vacanza è il mio marito.

   C Questo con i capelli biondi nelle foto di vacanza è mio marito.

2. Je préfère partir avec des amis sympathiques.

   A Prefero partire con degli amici simpatichi.

   B Preferisco partire con degli amici simpatici.

   C Preferisco partire con dei amici simpatici.

Corrigé page 73

3. Je ne comprends pas pourquoi tu mets un pull en plein été.

   A Non capisco perché porti un maglione in piena estate.

   B Non capisce perché porti un maglione in piena estate.

   C Non capisci perché porte un maglione in piena estate.

4. Près de ma cousine il y a mon oncle, avec son beau chapeau.

   A Vicino alla mia cugina ci sono mio zio, col suo bel cappello.

   B Vicino a mia cugina c'è mio zio, col suo bel cappello.

   C Vicino a mia cugina c'è mio nonno, col suo bello cappello.

5. À droite de mon beau-frère il y a ses parents, à sa gauche il y a sa tante.

   A A destra del mio cognato c'è i suoi genitori, alla sua sinistra c'è la sua moglie.

   B A destra a mio cognato ci sono i suoi genitori, alla sua sinistra c'è la sua zia.

   C A destra di mio cognato ci sono i suoi genitori, alla sua sinistra c'è sua zia.

Astuce Après **a destra**, **a sinistra**, il faut ajouter **di** ou l'un de ses articles contractés (**a destra del Colosseo**, *à droite du Colisée*).

Module 6
VOCABOLARIO E FRASI IDIOMATICHE

Verbes

andare *aller*

(io) vado *je vais* **(noi) andiamo** *nous allons*
(tu) vai *tu vas* **(voi) andate** *vous allez*
(lui, lei, si) va *il, elle, on va* **(loro) vanno** *ils, elles vont*

dare *donner*

(io) do *je donne* **(noi) diamo** *nous donnons*
(tu) dai *tu donnes* **(voi) date** *vous donnez*
(lui, lei, si) dà *il, elle, on donne* **(loro) danno** *ils, elles donnent*

fare *faire*

(io) faccio *je fais* **(noi) facciamo** *nous faisons*
(tu) fai *tu fais* **(voi) fate** *vous faites*
(lui, lei, si) fa *il, elle, on fait* **(loro) fanno** *ils, elles font*

stare *rester, être*

(io) sto *je reste* **(noi) stiamo** *nous restons*
(tu) stai *tu restes* **(voi) state** *vous restez*
(lui, lei, si) sta *il, elle, on reste* **(loro) stanno** *ils, elles restent*

comprare	*acheter*
piovere	*pleuvoir*
uscire	*sortir*

Noms et adjectifs

l'abbigliamento	*l'habillement*
allegro	*joyeux*
altro	*autre*
bianco (pl. bianchi)	*blanc*
biondo	*blond*
la bici (pl. le bici)	*le vélo*
la bocca (pl. le bocche)	*la bouche*

Module 6
VOCABOLARIO E FRASI IDIOMATICHE

caldo	*chaud*
la calza	*la chaussette*
il camion (pl. i camion)	*le camion*
il capello	*le cheveu*
il cappello	*le chapeau*
carino	*joli*
castano	*châtain*
il cognato	*le beau-frère*
la cravatta	*la cravate*
la destra	*la droite*
la donna	*la femme*
elegante	*élégant*
l'esercizio	*l'exercice*
l'estate (f.)	*l'été*
le ferie (pl.)	*les congés*
il fidanzato	*le fiancé*
la foto (pl. le foto)	*la photo*
la giacca (pl. le giacche)	*la veste*
giallo	*jaune*
grasso	*gros*
l'indirizzo (m.)	*l'adresse*
la maglietta	*le t-shirt*
il maglione	*le pull*
magro	*mince*
la moglie	*la femme* (l'épouse)
il naso	*le nez*

Module 6
VOCABOLARIO E FRASI IDIOMATICHE

i pantaloni (pl.)	*le pantalon*
pieno	*plein*
il periodo (m.)	*la période*
la pettinatura	*la coiffure*
il pomodoro (m.)	*la tomate*
preferito	*préféré*
rotto	*cassé*
la sinistra	*la gauche*
lo stivale (m.)	*la botte*
il tacco (pl. i tacchi)	*le talon* (de chaussure)
timido	*timide*
l'uomo (pl. gli uomini)	*l'homme*
le vacanze	*les vacances*
la valigia	*la valise*
verde	*vert*
il viso	*le visage*

Adverbes

fuori	*dehors*
molto	*très, beaucoup*
tardi	*tard*

Locutions / Phrases essentielles

Come stai?	*Comment vas-tu ?*
Sto bene.	*Je vais bien.*
Dove stai?	*Où habites-tu ?*
Sto a Bergamo.	*J'habite à Bergame.*
Stai bene con quei pantaloni!	*Ce pantalon te va bien !*
Quei pantaloni ti stanno bene.	*Ce pantalon te va bien.*
Stasera faccio tardi.	*Ce soir je rentre tard.* (ou *… je finis tard*)

Module 6
CORRIGÉ

Le basi

PAGES 62-63
Verbes irréguliers du premier groupe en **-are** au présent de l'indicatif
1 **A** 2 **B** 3 **C** 4 **B** 5 **A** 6 **C** 7 **D** 8 **B**
1 **B** 2 **A** 3 **A** 4 **B** 5 **A** 6 **B** 7 **B** 8 **A**

PAGE 63
Pluriels particuliers (suite)
1 **B** 2 **C** 3 **C** 4 **A** 5 **B**

PAGES 64-65
Adjectifs et pronoms démonstratifs
1 **B** 2 **C** 3 **C** 4 **B** 5 **D** 6 **B**
1 **A** 2 **A** 3 **B** 4 **A** 5 **B**

PAGE 66
L'adjectif **bello**
1 **B** 2 **D** 3 **C** 4 **C** 5 **D** 6 **B** 7 **B** 8 **B**
1 **B** 2 **C** 3 **A** 4 **B** 5 **C**

PAGE 67
Vocabulaire : l'habillement
1 **D** 2 **C** 3 **A** 4 **B**

PAGE 68
Vocabulaire : les adjectifs décrivant une personne
1 **A** 2 **B** 3 **C** 4 **B** 5 **C** 6 **B** 7 **C** 8 **C**

PAGE 69
Exercice de traduction
1 **C** 2 **B** 3 **A** 4 **B** 5 **C**

Vous avez obtenu entre 0 et 15 ? Reprenez chaque question en regardant les endroits où vous avez fait des erreurs.

Vous avez obtenu entre 16 et 31 ? C'est très moyen, mais ne vous découragez pas.

Vous avez obtenu entre 32 et 49 ? Formidable ! Analysez les erreurs et, si besoin, révisez la ou les notions que vous ne maîtrisez pas complètement.

Vous avez obtenu 50 et plus ? Bravissimo!

Module 7
LE BASI

Focus Verbes irréguliers en *-ere* au présent de l'indicatif

Corrigé page 86

Complétez avec la forme correcte du verbe au présent de l'indicatif.

1. (Voi) ... lavarvi i denti almeno tre volte al giorno.
   - **A** devi
   - **B** dovete
   - **C** dovere
   - **D** devono

2. Esco presto perché ... arrivare in anticipo.
   - **A** vuole
   - **B** vuoi
   - **C** voglio
   - **D** volete

3. I miei cugini ... qui ad aspettarti.
   - **A** rimanono
   - **B** rimaniamo
   - **C** rimanete
   - **D** rimangono

4. (Noi) non ... quasi mai andare a letto presto.
   - **A** possiamo
   - **B** potiamo
   - **C** può
   - **D** potete

5. (Tu) ... solo un caffè a colazione?
   - **A** beri
   - **B** bevi
   - **C** beve
   - **D** bevo

6. Alessia oggi non ... fare la pausa pranzo con noi.
   - **A** posso
   - **B** posse
   - **C** puoi
   - **D** può

7. (Io) non ... a che ora comincia il film.
   - **A** sapo
   - **B** sappiamo
   - **C** so
   - **D** sa

8. Io e Gabriele non ... alzarci tardi.
   - **A** voliamo
   - **B** vogliamo
   - **C** vuole
   - **D** voglio

9. (Tu) ... che ore sono per favore?
   - **A** sapi
   - **B** sapete
   - **C** sa
   - **D** sai

10. Signora, ... ancora da bere?
    - **A** vole
    - **B** volete
    - **C** vuole
    - **D** voglio

Astuce La préposition **a** est utilisée pour indiquer une périodicité dans le temps : **una volta alla settimana**, *une fois par semaine*, ou **Questa macchina può andare a duecento chilometri all'ora**, *Cette voiture peut rouler à 200 kilomètres à l'heure*.

Module 7
LE BASI

Focus — Verbes réfléchis et pronominaux au présent de l'indicatif

Complétez avec le pronom qui convient.

Corrigé page 86

1. Io e mia moglie ... alziamo presto.
   - **A** ci
   - **B** vi
   - **C** si
   - **D** mi

2. Al mattino ... vesto sempre in fretta.
   - **A** ti
   - **B** mi
   - **C** ci
   - **D** vi

3. Prima di uscire ... fai la barba?
   - **A** mi
   - **B** si
   - **C** ci
   - **D** ti

4. Elena e Alice ... siedono vicine.
   - **A** mi
   - **B** si
   - **C** ci
   - **D** vi

5. Tu e Andrea ... sedete vicino alla finestra?
   - **A** ci
   - **B** ti
   - **C** vi
   - **D** si

6. Quando ha fretta non ... pettina.
   - **A** vi
   - **B** mi
   - **C** ti
   - **D** si

Astuce **Farsi la barba** (littéralement « se faire la barbe ») signifie *se raser*. C'est un des nombreux cas où un verbe pronominal est aussi suivi d'un C.O.D. : **Mi metto i pantaloni**, *Je mets mon pantalon* ; **Mi allaccio le scarpe**, *Je lace mes chaussures*, etc.

Focus — Les comparatifs

*Complétez la comparaison indiquée avec le bon couple : adverbe **più** ou **meno** + conjonction **che**, préposition ou article contracté.*

1. La mia cucina è ... piccola ... tua.
   - **A** più/che
   - **B** più/della
   - **C** meno/di

2. Gennaio è ... lungo ... febbraio.
   - **A** più/del
   - **B** meno/che
   - **C** più/di

3. L'autunno è ... caldo ... estate.
   - **A** meno/dell'
   - **B** più/che l'
   - **C** meno/di

Module 7
LE BASI

4. A Roma fa ... freddo ... a Milano.
   - A meno/di
   - B meno/del
   - C meno/che

5. Mi piace di ... uscire ... stare in casa.
   - A meno/dello
   - B più/che
   - C più/del

6. Ho ... sete ... fame.
   - A più/che
   - B meno/della
   - C più/di

7. Lei è ... bella ... te.
   - A meno/della
   - B meno/che
   - C meno/di

Focus Les mois de l'année

Choisissez le mois dont on parle dans la phrase indiquée.

Corrigé page 86

1. Viene dopo ottobre.
   - A settembre
   - B dicembre
   - C novembre

2. Viene prima di maggio.
   - A marzo
   - B aprile
   - C maggio

3. Ha meno giorni di tutti gli altri mesi.
   - A novembre
   - B giugno
   - C febbraio

4. Con lui comincia la primavera.
   - A gennaio
   - B aprile
   - C marzo

5. Alla fine dell'anno.
   - A dicembre
   - B ottobre
   - C febbraio

6. Tra giugno e agosto.
   - A settembre
   - B luglio
   - C gennaio

Module 7
LE BASI

Focus Les jours de la semaine

Complétez avec le jour qui convient.

1. Una bella ... di sole.
   - **A** giovedì
   - **B** domenica

2. Il ... si ricomincia a lavorare.
   - **A** lunedì
   - **B** domenica

3. Il ... è tra il martedì e il giovedì.
   - **A** venerdì
   - **B** mercoledì

4. Il ... viene dopo il venerdì.
   - **A** martedì
   - **B** sabato

5. Il ... viene prima del mercoledì.
   - **A** martedì
   - **B** lunedì

Focus Les quatre saisons

Complétez avec la saison qui convient.

Corrigé page 86

1. La Pasqua è in ...
   - **A** estate
   - **B** primavera

2. Al sud l'... è lunga e calda.
   - **A** autunno
   - **B** estate

3. In ... ci sono le castagne.
   - **A** autunno
   - **B** primavera

4. L'... comincia il 21 dicembre.
   - **A** inverno
   - **B** autunno

5. Dopo l'... viene l'...
   - **A** estate/inverno
   - **B** autunno/inverno

Module 7
LE BASI

6. La festa di Halloween è in …
   - **A** inverno
   - **B** autunno

7. Il Natale è in
   - **A** autunno
   - **B** inverno

Focus L'heure

Indiquez laquelle des trois possibilités est fausse.

Corrigé page 86

1. Che ora è? → 17.15
   - **A** È le diciassette e quindici.
   - **B** Sono le diciassette e quindici.
   - **C** Sono cinque e un quarto.

2. Che ore sono? → 12.00
   - **A** Sono le dodici.
   - **B** Sono le mezzogiorno.
   - **C** È mezzogiorno.

3. A che ora pranzate? → 12.30
   - **A** A le mezza.
   - **B** Alle dodici e trenta.
   - **C** Alla mezza.

4. A che ora vai a letto? → 22.45
   - **A** A mezzanotte meno un quarto.
   - **B** Alle ventidue e quarantacinque.
   - **C** Alle undici meno un quarto.

5. A che ora si alza? 7.45
   - **A** Alle otto meno un quarto.
   - **B** Alle sette e tre quarti.
   - **C** Alle otto e un quarto.

Module 7
LE BASI

Focus Les chiffres et les nombres

Choisissez la formulation en toutes lettres correspondant à celle donnée en chiffres.

1. 405
   - **A** quattrocentoquarantacinque
   - **B** quarantacinque
   - **C** quattrocentocinque

   Corrigé page 86

2. 81
   - **A** ottantuno
   - **B** octantaeuno
   - **C** ottocentouno

3. 1967
   - **A** millenovantasessantasette
   - **B** millenovecentosettantasette
   - **C** millenovecentosessantasette.

4. 33
   - **A** trintatre
   - **B** trentatrè
   - **C** tretrè

5. 52
   - **A** cinquecentodue
   - **B** cinquanta e due
   - **C** cinquantadue

Module 7
LE BASI

Focus La date

Choisissez la bonne réponse pour chaque question posée.

1. Che giorno è oggi?
   - **A** Oggi è giovedì primo marzo.
   - **B** Oggi siamo a giovedì uno marzo.

2. Quando sei nato?
   - **A** Il sei maggio del duemila.
   - **B** Nel duemila sul sei di maggio.

3. Quand'è il compleanno di Federico?
   - **A** Il diciotto ottobre.
   - **B** Ottobre nel diciotto.

4. Quando viene Pasqua quest'anno?
   - **A** Il dieci dell'Aprile.
   - **B** Il dieci aprile.

5. Quando comincia quest'anno la scuola?
   - **A** Siamo al dodici settembre.
   - **B** Inizia il dodici settembre.

Focus Exercice de traduction

Choisissez la traduction correcte en italien.

1. Cet après-midi, j'ai un rendez-vous de travail à cinq heures et demi.
   - **A** Oggi pomeriggio ho un appuntamento di lavoro alle cinque e mezza.
   - **B** Questo mezzogiorno ho un appuntamento di lavoro alla cinque e mezzo.
   - **C** Oggi pomeriggio ho un arrendo di lavoro alle cinque e mezza.

2. Je me réveille à sept heures, sauf le samedi et le dimanche.
   - **A** Sveglio a sette, salvo il sabato e la domenica.
   - **B** Mi sveglio alle sette, salvo il sabato e la domenica.
   - **C** Mi sveglio alle sette, salvo il sabato e il domenico.

3. Je déjeune à une heure, ensuite je retourne au bureau à deux heures.
   - **A** Ceno all'una, poi torno in ufficio al due.
   - **B** Pranza all'una, poi torno in ufficio a due.
   - **C** Pranzo all'una, poi torno in ufficio alle due.

Module 7
VOCABOLARIO E FRASI IDIOMATICHE

4. Il va au lit très tôt, à onze heures.

    A Va a letto molto presto, alle undici.

    B Vai a letto molto presto, alle undici.

    C Va al letto molto presto, a undici.

Les jours de la semaine (tous masculins, sauf *la domenica*)

lunedì	*lundi*
martedì	*mardi*
mercoledì	*mercredi*
giovedì	*jeudi*
venerdì	*vendredi*
sabato	*samedi*
domenica (f.)	*dimanche*

Les mois de l'année

gennaio	*janvier*
febbraio	*février*
marzo	*mars*
aprile	*avril*
maggio	*mai*
giugno	*juin*
luglio	*juillet*
agosto	*août*
settembre	*septembre*
ottobre	*octobre*
novembre	*novembre*
dicembre	*décembre*

Les quatre saisons

la primavera (f.)	*le printemps*
l'estate (f.)	*l'été*

Module 7
VOCABOLARIO E FRASI IDIOMATICHE

| l'autunno (m.) | *l'automne* |
| l'inverno (m.) | *l'hiver* |

Les chiffres et nombres de 1 à 20

uno	*un*
due	*deux*
tre	*trois*
quattro	*quatre*
cinque	*cinq*
sei	*six*
sette	*sept*
otto	*huit*
nove	*neuf*
dieci	*dix*
undici	*onze*
dodici	*douze*
tredici	*treize*
quattordici	*quatorze*
quindici	*quinze*
sedici	*seize*
diciassette	*dix-sept*
diciotto	*dix-huit*
diciannove	*dix-neuf*
venti	*vingt*

> **Astuce** Les dizaines de tente à cent : **trenta – quaranta – cinquanta – sessanta – settanta – ottanta – novanta – cento**. Les nombres se forment par simple ajout des dizaines après les centaines, des unités après les dizaines : **centosei**, *cent six* ; **ottantanove**, *quatre-vingt-neuf*. Les nombres se terminant par 3 prennent un accent : **cinquantatrè**, *cinquante-trois*. Quelle que soit sa longueur, le chiffre forme un seul mot : **millenovecentoquarantasei**, *mille neuf-cent quarante-six*.

Module 7
VOCABOLARIO E FRASI IDIOMATICHE

Verbes

bere *boire*

(io) bevo *je bois*	**(noi) beviamo** *nous buvons*
(tu) bevi *tu bois*	**(voi) bevete** *vous buvez*
(lui, lei, si) beve *il, elle, on boit*	**(loro) bevono** *ils, elles boivent*

dovere *devoir*

(io) devo *je dois*	**(noi) dobbiamo** *nous devons*
(tu) devi *tu dois*	**(voi) dovete** *vous devez*
(lui, lei, si) deve *il, elle, on doit*	**(loro) devono** *ils, elles doivent*

potere *pouvoir*

(io) posso *je peux*	**(noi) possiamo** *nous pouvons*
(tu) puoi *tu peux*	**(voi) potete** *vous pouvez*
(lui, lei, si) può *il, elle, on peut*	**(loro) possono** *ils, elles peuvent*

rimanere *rester*

(io) rimango *je reste*	**(noi) rimaniamo** *nous restons*
(tu) rimani *tu restes*	**(voi) rimanete** *vous restez*
(lui, lei, si) rimane *il, elle, on reste*	**(loro) rimangono** *ils, elles restent*

sapere *savoir*

(io) so *je sais*	**(noi) sappiamo** *nous savons*
(tu) sai *tu sais*	**(voi) sapete** *vous savez*
(lui, lei, si) sa *il, elle, on sait*	**(loro) sanno** *ils, elles savent*

volere *vouloir*

(io) voglio *je veux*	**(noi) vogliamo** *nous voulons*
(tu) vuoi *tu veux*	**(voi) volete** *vous voulez*
(lui, lei, si) vuole *il, elle, on veut*	**(loro) vogliono** *ils, elles veulent*

sedersi *s'asseoir*

(io) mi siedo *je m'assieds*	**(noi) ci sediamo** *nous nous asseyons*
(tu) ti siedi *tu t'assieds*	**(voi) vi sedete** *vous vous asseyez*
(lui, lei, si) si siede *il, elle, on s'assied*	**(loro) si siedono** *ils, elles s'asseyent*

Module 7
VOCABOLARIO E FRASI IDIOMATICHE

alzarsi	*se lever*
aspettare	*attendre*
cominciare	*commencer*
lavarsi	*se laver*
pettinarsi	*se coiffer*
pranzare	*déjeuner*
svegliarsi	*se réveiller*
vestirsi	*s'habiller*

Noms et adjectifs

l'anticipo (m.)	*l'avance*
l'appuntamento	*le rendez-vous*
la barba	*la barbe*
la castagna (f.)	*la châtaigne*
la colazione (f.)	*le petit-déjeuner*
il compleanno	*l'anniversaire*
il dente (m.)	*la dent*
la fame	*la faim*
la fine	*la fin*
la finestra	*la fenêtre*
la festa	*la fête*
la fretta	*la hâte*
il mese	*le mois*
Natale	*Noël*
la pausa	*la pause*
Pasqua	*Pâques*

Module 7
VOCABOLARIO E FRASI IDIOMATICHE

il pranzo	*le déjeuner*
la sete	*la soif*
il sole	*le soleil*
il sud	*le sud*
l'ufficio	*le bureau* (la pièce)
la volta	*la fois*

Adverbes et locutions adverbiales

ancora	*encore*
in anticipo	*en avance*
salvo	*sauf*

Locutions / Phrases essentielles

L'heure :

Che ore sono? ou Che ora è?	*Quelle heure est-il ?*
Sono le undici e venticinque.	*Il est onze heures vingt-cinq.*
È mezzogiorno/mezzanotte.	*Il est midi/minuit.*
Sono le tre e mezza.	*Il est trois heures et demie.*
Sono le due e un quarto.	*Il est deux heures et quart.*
Sono le cinque e tre quarti.	*Il est cinq heures quarante-cinq.*
Sono le sei meno un quarto.	*Il est six heures moins le quart.*

Module 7
CORRIGÉ

Le basi

VOTRE SCORE :

PAGE 74
Verbes irréguliers en **-ere** au présent de l'indicatif
1 **B** 2 **C** 3 **D** 4 **A** 5 **B** 6 **D** 7 **C** 8 **B** 9 **D** 10 **C**

PAGE 75
Verbes réfléchis et pronominaux au présent de l'indicatif
1 **A** 2 **B** 3 **D** 4 **B** 5 **C** 6 **D**

PAGE 75
Les comparatifs
1 **B** 2 **C** 3 **A** 4 **C** 5 **B** 6 **A** 7 **C**

PAGE 76
Les mois de l'année
1 **C** 2 **B** 3 **C** 4 **B** 5 **A** 6 **B**

PAGE 77
Les jours de la semaine
1 **B** 2 **A** 3 **B** 4 **B** 5 **A**

PAGE 77
Les quatre saisons
1 **B** 2 **B** 3 **A** 4 **A** 5 **B** 6 **D** 7 **B**

PAGE 78
L'heure
1 **A** 2 **B** 3 **A** 4 **A** 5 **C**

PAGE 79
Les chiffres et les nombres
1 **C** 2 **A** 3 **C** 4 **B** 5 **C**

PAGE 80
La date
1 **A** 2 **A** 3 **A** 4 **B** 5 **B**

PAGE 80
Exercice de traduction
1 **A** 2 **B** 3 **C** 4 **A**

Vous avez obtenu entre 0 et 15 ? Reprenez chaque question en regardant les endroits où vous avez fait des erreurs.

Vous avez obtenu entre 16 et 31 ? C'est très moyen, mais ne vous découragez pas.

Vous avez obtenu entre 32 et 49 ? Formidable ! Analysez les erreurs et, si besoin, révisez la ou les notions que vous ne maîtrisez pas complètement.

Vous avez obtenu 50 et plus ? Bravissimo!

Module 8
LE BASI

Focus Verbes du 3ᵉ groupe irréguliers en *-ire* au présent de l'indicatif

Complétez avec la forme correcte du verbe au présent de l'indicatif.

1. Non ... spesso perché deve studiare tantissimo.
   - **A** uscio
   - **B** esce
   - **C** escono
   - **D** usciamo

2. ... in casa a prendere il cappotto.
   - **A** Salgo
   - **B** Salo
   - **C** Sagli
   - **D** Salito

3. Io e i miei amici ... sempre la verità.
   - **A** dicamo
   - **B** dico
   - **C** diciamo
   - **D** dicono

4. I miei cugini ... giovedì.
   - **A** venono
   - **B** veniamo
   - **C** vieni
   - **D** vengono

5. Tu e Luca ... in ascensore o per le scale?
   - **A** salgo
   - **B** salite
   - **C** salgono
   - **D** salgite

6. Alice, ... a cena da me?
   - **A** venghi
   - **B** vengo
   - **C** vengono
   - **D** vieni

Choisissez le verbe au pluriel correspondant à celui au singulier dans chaque phrase.

1. Salgo ogni giorno sei piani di scale.
   - **A** Salghiamo
   - **B** Saliamo
   - **C** Salgono

Corrigé page 97

2. Vieni a trovarmi domenica?
   - **A** Vienite
   - **B** Venghite
   - **C** Venite

Module 8
BASICS

3. Esce solo di sabato.
   - **A** Escono
   - **B** Uscino
   - **C** Esciono

Corrigé page 97

4. Mi dici che ore sono?
   - **A** Mi dicete
   - **B** Mi dite
   - **C** Mi dicono

5. Esci spesso con Luca?
   - **A** Usciamo
   - **B** Escite
   - **C** Uscite

Astuces • **Andare a trovare** signifie *aller voir quelqu'un*.
• La préposition **di** précède souvent le nom d'un jour de la semaine pour former un complément circonstanciel de temps (**Di martedì mi alzo presto**, *Le mardi je me lève tôt*, même si parfois l'article suffit, **Il martedì…**) ; avec les noms des mois, on utilise **in** (**In agosto fa caldo**, *En août il fait chaud*), alors qu'avec les saisons, on emploie tantôt l'un, tantôt l'autre (**In inverno** ou **D'inverno fa freddo**, *En hiver il fait froid*).

Focus Superlatif absolu et relatif

Pour chaque adjectif indiqué entre parenthèses, choisissez la forme correcte au superlatif absolu.

1. Non prendo questo appartamento perché è … (caro).
   - **A** carissimo
   - **B** il meno caro

2. Questa terrazza mi piace molto, è … (bella).
   - **A** bellissima
   - **B** più bella

3. Voglio una cucina … (piccola) perché ci devo mangiare da sola.
   - **A** meno piccola
   - **B** piccolissima

Module 8
LE BASI

4. Il monolocale che ho preso in affitto è … (centrale).
   - **A** centralissimo
   - **B** centralino

5. Questi appartamenti sono proprio … (economici).
   - **A** economicisti
   - **B** molto economici

6. Siamo in tanti e abbiamo bisogno di una casa … (grande).
   - **A** molto grande
   - **B** la più grande

Astuces • La préposition **da** indique aussi un état, une condition : **da solo**, *tout seul* ; **da uomo**, *en homme* ; **da giovane**, *étant jeune*, etc.
• La préposition **in** est utilisée pour le nombre de personnes dont un groupe est composé : **Siamo in due**, *Nous sommes deux* ; **Siamo in tanti**, *Nous sommes nombreux*.

Pour chaque adjectif indiqué entre parenthèses, choisissez la forme correcte au superlatif relatif.

1. Il personale di questa agenzia immobiliare è … (gentile) della città.
   - **A** il più gentile
   - **B** gentilissimo

2. Voglio questo appartamento perché è … (caro) della zona.
   - **A** meno caro
   - **B** il meno caro

3. Questo monolocale è … (carino) del quartiere!
   - **A** molto carino
   - **B** il più carino

4. Questo affitto è … (alto) di tutti!
   - **A** il più alto
   - **B** il più altissimo

Module 8
LE BASI

Complétez avec le superlatif (absolu ou relatif) qui convient.

1. luminosissimo

    A Il soggiorno è ... di tutti.

    B Questo soggiorno è ...!

    C Questi soggiorni sono ...!

2. la più piccola

    A La cucina è ... del bagno.

    B La cucina è ...!

    C La cucina è ... di tutte le stanze.

3. il meno alto

    A Questo palazzo è ... del quartiere.

    B Questo palazzo è ... del palazzo di fronte.

    C Questa palazzina è ... del quartiere.

4. molto intelligente

    A Alessandro è un ragazzo ... di Luca.

    B Alessandro è un ragazzo ... .

    C Alessandro è il ragazzo ... di tutti.

5. la più simpatica

    A Daniele è ... di tutti.

    B Daniela è ... di Marta.

    C Daniela è ... delle mie amiche.

Focus *Mille* et ses multiples

Choisissez la formulation en toutes lettres correspondant à celle donnée en chiffres.

1. 1 243

    A milleduecentoquarantatrè   **B** milleduecentaquarantatre

Module 8
LE BASI

2. 10 000

   A diecidimille   **B** diecimila

3. 3 500

   A tremigliaiaecinquecento   **B** tremilacinquecento

4. 55 500

   A cinquantacinquemilacinquecento

   B cinquecentocinquantacinquecento

Focus Le pronom *ne*

*Choisissez la phrase qui ne peut PAS être complétée par **ne**.*

> Corrigé page 97

1.

   A … capitano di guai in questa casa!

   B … vogliono solo cinque minuti per arrivare a casa.

   C … prendete ancora?

2.

   A Scusi, … ore sono?

   B Cosa … pensi?

   C Signora, … vuole un altro?

3.

   A Quanto … volete?

   B Che … dite?

   C … dove venite?

4.

   A … ho visti tanti prima di scegliere!

   B Sei … casa?

   C … hai mangiati tantissimi!

Module 8
LE BASI

Corrigé page 97

5.
- **A** Mi siedo ... di voi.
- **B** In questo quartiere ... succedono di cose!
- **C** ... abbiamo più di mille.

Focus Verbes *succedere* et *capitare*

Choisissez la bonne phrase où insérer la forme verbale indiquée.

1. succede
   - **A** Lui ... sempre la pastasciutta.
   - **B** Non ... quasi mai.

2. capitano
   - **A** Certe cose ...
   - **B** Luca e Lea ... laureati.

3. capita
   - **A** Ne ... altri dieci.
   - **B** A me ... spesso.

4. succedono
   - **A** Nel quartiere ... fatti misteriosi.
   - **B** Qui ... alcuni appartamenti.

5. succede
   - **A** Voi ... con noi?
   - **B** ... anche a voi?

Astuce **Succedere** et **capitare** signifient *arriver* pour un événement : le premier est plus neutre (**Non succede mai**, *Cela n'arrive jamais*), alors que **capitare** est davantage lié à une fatalité (**Quando c'è un guaio, capita sempre a me!**, *Quand il y a un malheur, c'est toujours à moi que ça arrive !*).

Focus Vocabulaire : la maison

Trouvez l'« intrus » dans chaque groupe de trois mots.

1.
- **A** ascensore
- **B** soggiorno
- **C** stivale

Module 8
LE BASI

2.
- A bagno
- B appuntamento
- C cucina

3.
- A autobus
- B appartamento
- C stanza

4.
- A camera
- B strada
- C corridoio

5.
- A terrazza
- B finestra
- C settimana

6.
- A scale
- B stagione
- C monolocale

7.
- A negozio
- B balcone
- C porta

8.
- A sole
- B letto
- C giardino

9.
- A data
- B grattacielo
- C piano

Focus Exercice de traduction

Choisissez la traduction correcte en italien.

Corrigé page 97

1. Ce sont des choses qui arrivent.
   - A Ci sono cosi che capitano.
   - B Sono cose che arrivano.
   - C Sono cose che capitano.

2. Je n'en sais rien.
   - A Non lo so niente.
   - B Non ne so niente.
   - C Non ne sai niente.

Module 8
VOCABOLARIO E FRASI IDIOMATICHE

3. Ma cuisine est toute petite.
   - **A** Mia cugina è piccolina.
   - **B** La mia cucina è tutta piccola.
   - **C** La mia cucina è piccolissima.

Corrigé page 97

4. Notre chambre est la pièce la plus petite de la maison.
   - **A** La nostra camera è la stanza più piccola della casa.
   - **B** Nostra camera è la pezza piccolissima della casa.
   - **C** La nostra camera è la stanza la più piccola della casa.

5. Nous n'en avons plus envie.
   - **A** Non ci abbiamo più voglia.
   - **B** Non ne abbiamo più voglia.
   - **C** Non lo abbiamo più voglia.

Verbes

dire *dire*

(io) dico *je dis*	**(noi) diciamo** *nous disons*
(tu) dici *tu dis*	**(voi) dite** *vous dites*
(lui, lei, si) dice *il, elle, on dit*	**(loro) dicono** *ils, elles disent*

salire *monter*

(io) salgo *je monte*	**(noi) saliamo** *nous montons*
(tu) sali *tu montes*	**(voi) salite** *vous montez*
(lui, lei, si) sale *il, elle, on monte*	**(loro) salgono** *ils, elles montent*

uscire *sortir*

(io) esco *je sors*	**(noi) usciamo** *nous sortons*
(tu) esci *tu sors*	**(voi) uscite** *vous sortez*
(lui, lei, si) esce *il, elle, on sort*	**(loro) escono** *ils, elles sortent*

venire *venir*

(io) vengo *je viens*	**(noi) veniamo** *nous venons*
(tu) vieni *tu viens*	**(voi) venite** *vous venez*
(lui, lei, si) viene *il, elle, on vient*	**(loro) vengono** *ils, elles viennent*

Module 8
VOCABOLARIO E FRASI IDIOMATICHE

capitare	*arriver* (un fait)
scegliere	*choisir*
succedere	*arriver* (un fait)

Noms et adjectifs

l'affitto	*le loyer, la location*
l'agenzia	*l'agence*
l'appartamento	*l'appartement*
l'ascensore	*l'ascenseur*
il bagno (m.)	*la salle de bains*
il balcone	*le balcon*
il cappotto	*le manteau*
caro	*cher*
centrale	*central*
il condominio (m.)	*la copropriété, l'immeuble*
il corridoio	*le couloir*
la cucina	*la cuisine*
economico	*bon marché*
il fatto	*le fait*
la finestra	*la fenêtre*
il giardino	*le jardin*
il grattacielo	*le gratte-ciel*
il guaio	*le malheur*
immobiliare	*immobilier*
il letto	*le lit*
luminoso	*lumineux*

Module 8
VOCABOLARIO E FRASI IDIOMATICHE

misterioso	*mystérieux*
il monolocale	*le studio*
ogni	*chaque*
il palazzo	*l'immeuble*
la pastasciutta (sing.)	*les pâtes*
il piano	*l'étage*
il quartiere	*le quartier*
la scala (f.)	*l'escalier*
il soggiorno	*le séjour*
la stanza	*la pièce*
la terrazza	*la terrasse*
la verità	*la vérité*

Adverbes

mai	*jamais*
quasi	*presque*

Locutions / Phrases essentielles

Mi capitano sempre dei guai!	*Il m'arrive toujours des malheurs !*
Sono cose che capitano.	*Ce sont des choses qui arrivent.*
Che ti succede?	*Qu'est-ce qui t'arrive ?*

Module 8
CORRIGÉ

Le basi

VOTRE SCORE :

PAGE 87
Verbes irréguliers en **-ire** au présent de l'indicatif
1 **B** 2 **A** 3 **C** 4 **D** 5 **B** 6 **D**
1 **B** 2 **C** 3 **A** 4 **B** 5 **C**

PAGES 88-90
Superlatif absolu et relatif
1 **A** 2 **A** 3 **B** 4 **A** 5 **B** 6 **A**
1 **A** 2 **B** 3 **B** 4 **A**
1 **B** 2 **C** 3 **A** 4 **B** 5 **C**

PAGE 90
Mille et ses multiples
1 **A** 2 **B** 3 **B** 4 **A**

PAGE 91
Le pronom **ne**
1 **B** 2 **A** 3 **C** 4 **B** 5 **A**

PAGE 92
Verbes **succedere** et **capitare**
1 **B** 2 **A** 3 **B** 4 **A** 5 **B**

PAGE 92
Vocabulaire : la maison
1 **C** 2 **B** 3 **A** 4 **B** 5 **C** 6 **B** 7 **A** 8 **A** 9 **A**

PAGE 93
Exercice de traduction
1 **C** 2 **B** 3 **C** 4 **A** 5 **B**

Vous avez obtenu entre 0 et 14 ? Reprenez chaque question en regardant les endroits où vous avez fait des erreurs.

Vous avez obtenu entre 15 et 30 ? C'est très moyen, mais ne vous découragez pas.

Vous avez obtenu entre 31 et 45 ? Formidable ! Analysez les erreurs et, si besoin, révisez la ou les notions que vous ne maîtrisez pas complètement.

Vous avez obtenu 46 et plus ? Bravissimo!

Module 9
LE BASI

Focus Verbes irréguliers en *-ere (proporre)* au présent de l'indicatif

Complétez avec la forme correcte du verbe au présent de l'indicatif ou le sujet qui convient.

1. Ecco signora, ... questa soluzione di arredamento!
   - **A** ti propono
   - **B** le propongo
   - **C** le proponno

   Corrigé page 109

2. Voi mi ... di incontrarci?
   - **A** propongate
   - **B** proponiamo
   - **C** proponete

3. ... propongono di andare a casa loro.
   - **A** I nostri amici
   - **B** La mia amica
   - **C** Io

4. Quindi ... proponi una bella cena al ristorante.
   - **A** tu
   - **B** i miei nuovi amici
   - **C** il mio fidanzato

5. L'agenzia ... un monolocale arredato vicino al centro.
   - **A** proponga
   - **B** propone
   - **C** proponi

Module 9
LE BASI

Focus Comparatifs et superlatifs particuliers

Complétez avec le comparatif ou superlatif qui convient en fonction du sens de la phrase.

1. Stasera andiamo in un ... ristorante.
   - **A** maggiore
   - **B** ottimo
   - **C** molto buono

2. Questo è ... di tutti i bar del centro.
   - **A** il peggiore
   - **B** pessimamente
   - **C** il minimo

3. Con i tuoi amici sto ...
   - **A** molto bene
   - **B** ottimo
   - **C** migliore

4. Andrea è mio fratello ..., Serena è la sorella ...
   - **A** massimo/minimo
   - **B** maggiore/minore
   - **C** ottimo/pessimo

5. Questi mobili sono ... degli altri.
   - **A** migliori
   - **B** più buono
   - **C** massimo

6. Nel nuovo ristorante si mangia ... che in questo.
   - **A** pessimamente
   - **B** peggio
   - **C** peggiore

7. Con i nuovi colleghi lavoro ...
   - **A** pessimo
   - **B** peggiore
   - **C** pessimamente

> **Astuce** Les comparatifs irréguliers **maggiore** et **minore**, qui signifient normalement *plus grand* et *plus petit*, sont aussi utilisés dans le sens de *aîné* et *cadet* : **mio fratello maggiore**, *mon frère aîné*, **mio fratello minore**, *mon frère cadet*.

Choisissez la bonne phrase où insérer le comparatif ou le superlatif indiqué.

1. la migliore
   - **A** Questa agenzia è ... della città.
   - **B** Questa agenzia è ... dell'altra.

Corrigé page 109

Module 9
LE BASI

2. minimo
   - **A** Il mio danno è ... del tuo.
   - **B** La macchina ha un danno ...

3. pessimamente
   - **A** Il lavoro va ...
   - **B** Ho un lavoro ...

4. meglio
   - **A** Simone è lo studente ...
   - **B** Stai ... di ieri?

5. massimo
   - **A** Il loro livello è ... del nostro.
   - **B** Siamo al ... livello!

6. pessimo
   - **A** Questo cibo è ...!
   - **B** Qui si mangia ...!

Focus La préposition *a* dans les expressions de lieu

Complétez avec l'expression de lieu qui convient.

Corrigé page 109

1. Mettiamo lo specchio ... corridoio.
   - **A** di fianco a
   - **B** in fondo al

2. L'armadio sta bene ... letto.
   - **A** di fronte al
   - **B** in mezzo al

3. Il tavolino giallo va ... soggiorno.
   - **A** intorno al
   - **B** in mezzo al

4. ... casa c'è una siepe.
   - **A** In mezzo alla
   - **B** Intorno alla

5. La lampada mi piace ... divano.
   - **A** vicino alla
   - **B** di fianco al

6. La libreria è ... porta.
   - **A** vicino alla
   - **B** in fondo alla

Module 9
LE BASI

Choisissez la bonne phrase où insérer l'expression de lieu indiquée.

1. Vicino allo
   - **A** ... lavatrice c'è l'asciugatrice.
   - **B** ... specchio mettiamo un quadro.
   - **C** ... casa mia ci sono molti negozi.

Corrigé page 109

2. di fianco all'
   - **A** La poltrona è ... lampada.
   - **B** La poltrona è ... letto.
   - **C** La poltrona è ... armadio.

3. di fronte a
   - **A** É proprio ... frigo.
   - **B** É proprio ... forno.
   - **C** É proprio ... te.

4. in mezzo ad
   - **A** Metto il vaso ... altri oggetti.
   - **B** Metto il vaso ... scaffali.
   - **C** Metto il vaso ... libri.

5. in fondo alla
   - **A** Abito ... vicolo.
   - **B** Abito ... strada.
   - **C** Abito ... questa strada.

6. Tutt'intorno ai
   - **A** ... villette ci sono dei giardini.
   - **B** ... condomini ci sono dei giardini.
   - **C** ... condominio ci sono dei giardini.

Module 9
LE BASI

Focus Les prépositions *in* et *da* pour indiquer un nombre de personnes

Complétez avec l'expression qui convient.

1. Nel monolocale ci devo abitare ...
   - **A** in solo
   - **B** da solo

2. A cena veniamo ...
   - **A** in due
   - **B** da solo

3. In quanti siete? ...
   - **A** In cinque.
   - **B** Da cinque.

4. Faccio il trasloco tutto ...
   - **A** in solo
   - **B** da solo

5. In quanti siete in ufficio? ...
   - **A** In otto.
   - **B** Da otto.

6. Partono ...
   - **A** da solo
   - **B** in tre

Focus Les nombres ordinaux

Choisissez la formulation en toutes lettres correspondant à celle donnée en chiffres.

1. 55e
   - **A** cinquantacinquesimo
   - **B** cinquecinquesimo

2. 768e
   - **A** settecentosessantottesimo
   - **B** settecento-sessantottesimo

3. 4e
   - **A** quattresimo
   - **B** quarto

4. 43e
   - **A** quarantatreesimo
   - **B** quarantatrèsimo

Module 9
LE BASI

5. 19ᵉ
   - **A** diciannovesimo
   - **B** diecinovesimo

6. 21ᵉ
   - **A** ventunoesimo
   - **B** ventunesimo

Complétez avec le bon nombre ordinal.

1. Sono arrivato ...!
   - **A** terzi
   - **B** seconda
   - **C** primo

2. Oggi paghiamo ... della retta.
   - **A** un terzesimo
   - **B** un terzo
   - **C** terzo

3. In fila siamo i ...
   - **A** quintesimi
   - **B** quinto
   - **C** quinti

4. Nella graduatoria è ...
   - **A** ventisesto
   - **B** ventiseiesimo
   - **C** venti-seiesimo

5. I miei genitori festeggiano il ... anno di matrimonio.
   - **A** trentatreesimo
   - **B** treanta-treesimo
   - **C** trentatrésimo

Focus Vocabulaire : le mobilier et l'électroménager

Trouvez le mot correspondant à chaque devinette.

Corrigé page 109

1. Gira per ore.
   - **A** la sedia
   - **B** la lavatrice

2. Ha temperature invernali.
   - **A** il frigorifero
   - **B** il forno

3. La guardiamo.
   - **A** la lavastoviglie
   - **B** la televisione

4. Lava e asciuga.
   - **A** la lavastoviglie
   - **B** il fornello

Module 9
LE BASI

5. Sta disteso sul pavimento.
   - **A** il tavolo
   - **B** il tappeto

6. Può bruciare!
   - **A** il fornello
   - **B** il lavandino

7. Ci vedo me stesso.
   - **A** il divano
   - **B** lo specchio

8. Ci sto comodo.
   - **A** la poltrona
   - **B** il tavolo

Focus Exercice de traduction

Choisissez la traduction correcte en italien.

1. La première agence me propose un studio.
   - **A** La unesima agenzia mi propose un monolocale.
   - **B** La prima agenzia mi propone un monolocale.
   - **C** La prima agenzia mi propona un monolocale.

2. Ce lave-vaisselle est le pire du magasin.
   - **A** Questa lavastoviglie è la peggiore del negozio.
   - **B** Questo lavastoviglie è il peggiore del negozio.
   - **C** Questa lavastoviglie è la peggio del negozio.

3. Le miroir est mieux à côté du fauteuil.
   - **A** Lo specchio viene meglio a fianco alla poltrona.
   - **B** Lo specchio sta meglio di fianco al poltrone.
   - **C** Lo specchio sta meglio di fianco alla poltrona.

Module 9
VOCABOLARIO E FRASI IDIOMATICHE

4. Nous vous proposons une meilleure solution.
   - **A** Vi proponiamo una soluzione migliore.
   - **B** Vi proposiamo una soluzione migliore.
   - **C** Vi proponiamo una meglio soluzione.

5. L'arrêt de bus est en face de l'école.
   - **A** La fermata dell'autobus è in faccia della scuola.
   - **B** La fermata dell'autobus è vicino alla scuola.
   - **C** La fermata dell'autobus è di fronte alla scuola.

Corrigé page 109

Verbes

proporre *proposer*

(io) propongo *je propose*	**(noi) proponiamo** *nous proposons*
(tu) proponi *tu proposes*	**(voi) proponete** *vous proposez*
(lui, lei, si) propone *il, elle, on propose*	**(loro) propongono** *ils, elles proposent*

asciugare	*essuyer*
bruciare	*brûler*
festeggiare	*fêter*
girare	*tourner*
guardare	*regarder*
incontrare	*rencontrer*

Noms et adjectifs

l'armadio (m.)	*l'armoire*
l'arredamento	*l'ameublement*
arredato	*meublé*
l'asciugatrice (f.)	*le sèche-linge*

Module 9
VOCABOLARIO E FRASI IDIOMATICHE

il cibo (m.)	*la nourriture*
comodo	*confortable*
il danno	*le dommage*
disteso	*allongé*
il divano	*le divan*
la fermata (f.)	*l'arrêt*
il fidanzato	*le fiancé*
la fila	*la queue*
il fornello	*le fourneau*
il forno	*le four*
il frigo	*le frigo*
giallo	*jaune*
la graduatoria (f.)	*le classement*
invernale	*d'hiver*
la lampada	*la lampe*
il lavandino	*le lavabo*
la lavastoviglie (f.)	*le lave-vaisselle*
la lavatrice (f.)	*le lave-linge*
la libreria	*la bibliothèque* (meuble)
il libro	*le livre*
il livello	*le niveau*
il matrimonio	*le mariage*
il mobile	*le meuble*
l'oggetto	*l'objet*
il pavimento	*le plancher*
la poltrona (f.)	*le fauteuil*

Module 9
VOCABOLARIO E FRASI IDIOMATICHE

il quadro	*le tableau*
la retta (f. sing.)	*les frais d'inscription*
lo scaffale (m.)	*l'étagère*
la siepe	*la haie*
la soluzione	*la solution*
lo specchio	*le miroir*
stesso	*même*
il tappeto	*le tapis*
il tavolo (m.)	*la table*
la televisione	*la télévision*
la temperatura	*la température*
il trasloco	*le déménagement*
il vaso	*le pot, le vase*
il vicolo (m.)	*la ruelle*
la villetta (f.)	*le pavillon*

Comparatifs et superlatifs particuliers

Adjectif	Comparatif	Superlatif
buono *bon*	**migliore** *meilleur*	**ottimo** *très bon*
cattivo *mauvais*	**peggiore** *pire*	**pessimo** *très mauvais*
grande *grand*	**maggiore** *plus grand*	**massimo** *très grand*
piccolo *petit*	**minore** *plus petit*	**minimo** *très petit*

Module 9
VOCABOLARIO E FRASI IDIOMATICHE

Adverbe	Comparatif	Superlatif
bene *bien*	**meglio** *mieux*	**ottimamente** ou **molto bene** *très bien*
male *mal*	**peggio** *pire*	**pessimamente** ou **molto male** *très mal*

Adverbes et locutions

di fianco a	*sur le côté de*
di fronte a	*en face de*
ecco	*voilà, voici*
in fondo a	*au fond de*
in mezzo a	*au milieu de*
intorno a	*autour de*
proprio	*justement*
vicino a	*près de*

Module 9
CORRIGÉ

Le basi

VOTRE SCORE :

PAGE 98
Verbes irréguliers en **-ere (proporre)** au présent de l'indicatif
1 **B** 2 **C** 3 **A** 4 **A** 5 **B**

PAGE 99
Comparatifs et superlatifs particuliers
1 **B** 2 **A** 3 **A** 4 **B** 5 **A** 6 **B** 7 **C**
1 **A** 2 **B** 3 **A** 4 **B** 5 **B** 6 **A**

PAGES 100-101
La préposition **a** dans les expressions de lieu
1 **B** 2 **A** 3 **B** 4 **B** 5 **B** 6 **A**
1 **B** 2 **C** 3 **C** 4 **A** 5 **B** 6 **B**

PAGE 102
Les prépositions **in** et **da** pour indiquer un nombre de personnes
1 **B** 2 **A** 3 **A** 4 **B** 5 **A** 6 **B**

PAGES 102-103
Les nombres ordinaux
1 **A** 2 **A** 3 **B** 4 **A** 5 **A** 6 **B**
1 **C** 2 **B** 3 **C** 4 **B** 5 **A**

PAGE 103
Vocabulaire : le mobilier et l'électroménager
1 **B** 2 **A** 3 **B** 4 **A** 5 **B** 6 **A** 7 **B** 8 **A**

PAGE 104
Exercice de traduction
1 **B** 2 **A** 3 **C** 4 **A** 5 **C**

Vous avez obtenu entre 0 et 15 ? Reprenez chaque question en regardant les endroits où vous avez fait des erreurs.

Vous avez obtenu entre 16 et 31 ? C'est très moyen, mais ne vous découragez pas.

Vous avez obtenu entre 32 et 49 ? Formidable ! Analysez les erreurs et, si besoin, révisez la ou les notions que vous ne maîtrisez pas complètement.

Vous avez obtenu 50 et plus ? Bravissimo!

Module 10
LE BASI

Focus Le présent continu ou progressif et le gérondif

Corrigé page 120

Complétez avec la forme correcte du verbe.

1. Tu sai cosa sta ... da queste parti?
   - **A** a succedere
   - **B** successivo
   - **C** succedendo

2. Sono in treno e sto ... fuori dal finestrino.
   - **A** di guardare
   - **B** guardando
   - **C** guardante

3. Signor Bianchi, le sto ... un'ottima offerta.
   - **A** proponendo
   - **B** proporrendo
   - **C** di proporre

4. Stiamo ... un aperitivo con gli amici.
   - **A** in treno di prendere
   - **B** prendenti
   - **C** prendendo

5. Viaggiano e stanno ... tanti posti nuovi.
   - **A** conoscendo
   - **B** conoscenti
   - **C** conosciando

6. Luca sta ... la lezione per domani.
   - **A** in treno di ripetere
   - **B** ripetendo
   - **C** ripetente

7. I nostri amici stanno ... le scale fino al sesto piano.
   - **A** salendo
   - **B** salando
   - **C** saliendo

8. Stai ...?
   - **A** in treno per uscire
   - **B** uscendo
   - **C** uscindo

9. Con i saldi stanno ... tutto!
   - **A** vendendo
   - **B** venditore
   - **C** da vendere

10. Non sta ... quello che dici.
    - **A** capindo
    - **B** capendo
    - **C** capiente

Choisissez la bonne phrase où insérer la forme verbale indiquée.

1. dicendo
   - **A** Ti sto ... che non è vero.
   - **B** Lo ... tutti i giorni.

Module 10
LE BASI

2. facendo
   - **A** Che lavoro ...?
   - **B** Ma cosa state ...?

3. bevendo
   - **A** Sto ... un cappuccino.
   - **B** Al bar ... sempre il cappuccino.

4. viaggiando
   - **A** Preferisco ... in treno.
   - **B** Sto ... in treno.

5. mettendo
   - **A** Mi ... d'accordo con Leo.
   - **B** Mi sto ... d'accordo con Leo.

6. uscendo
   - **A** Con chi stai ...?
   - **B** Con chi ... stasera?

Choisissez la traduction correcte en italien.

1. Tu plaisantes, n'est-ce pas ?
   - **A** Sei scherzo, no?
   - **B** Stai scherzando, vero?
   - **C** Sei per scherzando, vero?

Corrigé page 120

2. Je suis en train de lire un livre passionnant.
   - **A** Sono leggente un libro appassionante.
   - **B** Sto a leggere un libro appassionante.
   - **C** Sto leggendo un libro appassionante.

3. Je suis en train de penser qu'aujourd'hui nous sommes le 25 et c'est l'anniversaire de ma sœur.
   - **A** Sto pensando che oggi ne abbiamo venticinque ed è il compleanno di mia sorella.
   - **B** Sto a pensare che oggi siamo venticinque ed è il compleanno di mia sorella.
   - **C** Sto penso che oggi ne abbiamo venticinque ed è il compleanno della mia sorella.

Module 10
LE BASI

4. Tu es en train de marcher au milieu de la route, viens sur le trottoir !

   A Sei camminante in mezzo alla strada, vieni col marciapiede!

   B Stai camminando in mezzo alla strada, vieni sul marciapiede!

   C Sei in cammino in mille alla strada, vieni sul marciapiede!

5. Je vais à un rendez-vous de travail très important.

   A Sto andando a una punta di lavoro molto importanta.

   B Sono andando a un appuntamento di lavoro molto importanto.

   C Sto andando a un appuntamento di lavoro molto importante.

Astuce **Oggi ne abbiamo...** (littéralement « aujourd'hui nous en avons... ») suivi du nombre indiquant le jour du mois signifie *Aujourd'hui nous sommes le...* ; la question **Quanti ne abbiamo oggi?** correspond à *Nous sommes le combien aujourd'hui ?*

Focus Pluriels et féminins particuliers (suite)

Choisissez le pluriel correct du singulier indiqué.

Corrigé page 120

1. un uovo sodo.

   A degli uovi sodi   **B** delle uova sode   **C** delle uove sode

2. un paio di calze

   A tre paia di calze   **B** tre pai di calze   **C** tre paio di calze

3. il riso del bambino

   A i risi dei bambini   **B** le risa dei bambini   **C** i risa dei bambini

4. il braccio lungo

   A i bracci lunghi   **B** i braccia lunghi   **C** le braccia lunghe

5. la bella mano

   A le belle mane   **B** le belle mani   **C** le belle mana

Module 10
LE BASI

Choisissez le féminin correct du masculin indiqué.

1. lo scrittore interessante
   - A la scrittrice interessante
   - B la scrittora interessante
   - C la scrittoressa interessante

   Corrigé page 120

2. dei bravi attori
   - A delle brave attore
   - B delle brave attoresse
   - C delle brave attrici

3. il lavoratore stanco
   - A le lavoratore stanche
   - B le lavoratrici stanche
   - C le lavoratoresse stanche

4. il dottore famoso
   - A la dottora famosa
   - B la dottorice famosa
   - C la dottoressa famosa

Complétez avec le mot qui convient.

1. Mi piace molto questa ... del Novecento.
   - A pittrice
   - B pittoressa
   - C pittora

2. La mia città è tutta circondata da ...
   - A muri
   - B muro
   - C mura

3. Ne servono alcune ...
   - A centinai
   - B centinaia
   - C centinaie

Module 10
LE BASI

4. Dipingiamo di bianco … di casa nostra.
   - **A** le mure
   - **B** le mura
   - **C** i muri

5. Quante … di scarpe hai?
   - **A** paio
   - **B** paia
   - **C** paie

6. C'erano … di persone, vero?
   - **A** migliaia
   - **B** migliaio
   - **C** migliai

Astuce Le verbe **servire** (littéralement « servir ») signifie *falloir* dans des constructions personnelles où le sujet est « ce qu'il faut » : **Mi servono due uova**, *Il me faut deux œufs* (littéralement « deux œufs me servent »).

Focus Prépositions (suite)

Complétez avec la préposition qui convient.

Corrigé page 120

1. Vieni … me oggi?
   - **A** dalla
   - **B** da
   - **C** a

2. Andiamo a mangiare … casa … nonna.
   - **A** a/dalla
   - **B** da/a
   - **C** a/da

3. Ho un appuntamento … i miei amici.
   - **A** dai
   - **B** a
   - **C** con

4. Devo andare … dottore.
   - **A** con
   - **B** dal
   - **C** a

5. Ci troviamo … cinque davanti al solito bar.
   - **A** alle
   - **B** da
   - **C** dalla

6. Vanno a cena … Susanna.
   - **A** a
   - **B** da
   - **C** dal

Module 10
LE BASI

7. Il dieci aprile ci incontriamo ... Alessio.
   - **A** a
   - **B** dallo
   - **C** da

8. La mia amica non sta tanto bene, vado ... lei.
   - **A** da
   - **B** a
   - **C** dalla

Choisissez la bonne phrase où insérer la préposition indiquée.

Corrigé page 120

1. alle
   - **A** Stasera vengo ... te, puntuale!
   - **B** Vengo a prenderti ... sette e mezza, puntuale!
   - **C** Stasera vengo ...casa tua, puntuale!

2. dai
   - **A** Abbiamo appuntamento giovedì 14 a casa ... nostro amico.
   - **B** Abbiamo appuntamento giovedì 14 ... nostri amici.
   - **C** Abbiamo appuntamento giovedì 14 ... i nostri amici.

3. da
   - **A** Posso passare ... te?
   - **B** Posso passare ... otto?
   - **C** Posso passare ... la mia amica?

4. a
   - **A** Vi porto ... Matteo.
   - **B** Vi porto ... casa di Matteo.
   - **C** Vi porto ... fidanzata di Matteo.

5. dagli
   - **A** Ci vediamo ... miei zii domenica a mezzogiorno.
   - **B** Ci vediamo ... zii domenica a mezzogiorno.
   - **C** Ci vediamo ... casa degli zii domenica a mezzogiorno.

Module 10
LE BASI

Focus Expressions liées aux rendez-vous

Cherchez l'intrus : dans chaque groupe de trois phrases, choisissez celle qui ne peut PAS être utilisée dans un contexte de rendez-vous.

1.
   - **A** Cosa mangi stasera?
   - **B** Oggi ne abbiamo 12, noi ci vediamo il 18.
   - **C** Quando ci vediamo?

2.
   - **A** Quando arrivi a casa mia suona il campanello e io scendo.
   - **B** Hai un bel vestito.
   - **C** Ci troviamo davanti al monumento.

3.
   - **A** Andiamo al cinema insieme stasera?
   - **B** Ti vengo a prendere o ci troviamo davanti al cinema?
   - **C** A me piace molto il cinema.

4.
   - **A** Ricorda, abbiamo appuntamento al bar del centro alle sette.
   - **B** Mi metto la giacca nuova.
   - **C** Il nostro appuntamento è sabato 15 alle 17.00.

5.
   - **A** Vieni a prendermi alle otto, puntuale!
   - **B** Vengo a prenderti a casa tua.
   - **C** Ha una bella casa vicino al centro.

Module 10
VOCABOLARIO E FRASI IDIOMATICHE

Focus Exercice de traduction

Choisissez la traduction correcte en italien.

1. Deux paires de bras travaillent plus qu'une seule paire, n'est-ce pas ?

   A Due paia di braccia lavorano di più di un solo paio, vero?

   B Due pai di bracci lavorano di più di un solo paio, vero?

2. C'est une écrivaine très célèbre.

   A È una scrittricia molto famose.

   B È una scrittrice molto famosa.

   Corrigé page 120

3. Je viens te chercher chez toi à huit heures et demie.

   A Vengo a cercarti con te alla otto e mezza.

   B Vengo a prenderti a casa tua alle otto e mezza.

4. Dès que je sonne, tu descends et on y va tout de suite.

   A Appena suono, tu scendi e andiamo via subito.

   B Da che suono, tu scendi e andiamo via pronto.

5. Je ne veux pas attendre un quart d'heure sur le trottoir comme d'habitude.

   A Non voglio aspettare una quarta d'ora sul marciapiede, come abitare.

   B Non voglio aspettare un quarto d'ora sul marciapiede, come al solito.

Verbes

aspettare	*attendre*
camminare	*marcher*
dipingere	*peindre*
leggere	*lire*
scendere	*descendre*
scherzare	*plaisanter*
servire	*falloir* (construction personnelle)

Module 10
VOCABOLARIO E FRASI IDIOMATICHE

suonare	*sonner*
vendere	*vendre*
viaggiare	*voyager*

Noms et adjectifs

l'aperitivo	*l'apéritif*
appassionante	*passionnant*
l'appuntamento	*le rendez-vous*
l'attore (f. l'attrice)	*l'acteur*
il bambino	*l'enfant*
il braccio (pl. le braccia, f.)	*le bras*
il campanello (m.)	*la sonnette*
la calza	*la chaussette*
il centinaio (m. ; pl. le centinaia, f.)	*la centaine*
il cinema	*le cinéma*
circondato	*entouré*
il dottore (f. la dottoressa)	*le docteur*
famoso	*célèbre*
la giacca	*la veste*
il lavoratore (f. la lavoratrice)	*le travailleur*
la mano (pl. le mani)	*la main*
il marciapiede	*le trottoir*
il migliaio (pl. le migliaia, f.)	*le millier*
il monumento	*le monument*
il muro	*le mur*
il muro (pl. le mura, f.)	*les remparts*

Module 10
VOCABOLARIO E FRASI IDIOMATICHE

l'offerta	*l'offre*
il paio (m. ; pl. le paia, f.)	*la paire*
il pittore (f. la pittrice)	*le peintre*
il posto (m.)	*la place*
puntuale	*ponctuel*
il riso	*le rire, le riz*
i saldi (pl.)	*les soldes*
solito	*le même que d'habitude*
l'uovo (pl. le uova, f.)	*l'œuf*
l'uovo sodo	*l'œuf dur*
il vestito (m.)	*la robe, le costume*

Locutions / Phrases essentielles

da queste parti	*par ici, dans le coin*
mettersi d'accordo	*s'accorder, se mettre d'accord*
Vengo a prenderti.	*Je viens te chercher.*
Vero?	*N'est-ce pas ?*

Module 10
CORRIGÉ

Le basi

VOTRE SCORE :

PAGES 110-111
Le présent continu ou progressif et le gérondif
1 **C** 2 **B** 3 **A** 4 **C** 5 **A** 6 **B** 7 **A** 8 **B** 9 **A** 10 **B**
1 **A** 2 **B** 3 **A** 4 **B** 5 **B** 6 **A**
1 **B** 2 **C** 3 **A** 4 **B** 5 **C**

PAGES 112-113
Pluriels et féminins particuliers
1 **B** 2 **A** 3 **B** 4 **C** 5 **B**
1 **A** 2 **C** 3 **B** 4 **C**
1 **A** 2 **C** 3 **B** 4 **C** 5 **B** 6 **A**

PAGES 114-115
Prépositions (suite)
1 **B** 2 **A** 3 **C** 4 **B** 5 **A** 6 **B** 7 **C** 8 **A**
1 **B** 2 **B** 3 **A** 4 **B** 5 **B**

PAGE 116
Expressions liées aux rendez-vous
1 **A** 2 **B** 3 **C** 4 **B** 5 **C**

PAGE 117
Exercice de traduction
1 **A** 2 **B** 3 **B** 4 **A** 5 **B**

Vous avez obtenu entre 0 et 15 ? Reprenez chaque question en regardant les endroits où vous avez fait des erreurs.

Vous avez obtenu entre 16 et 31 ? C'est très moyen, mais ne vous découragez pas.

Vous avez obtenu entre 32 et 47 ? Formidable ! Analysez les erreurs et, si besoin, révisez la ou les notions que vous ne maîtrisez pas complètement.

Vous avez obtenu 48 et plus ? Bravissimo!

Module 11
LE BASI

Focus Passé composé (verbes réguliers)

Choisissez la phrase au passé composé correspondant à celle donnée au présent.

1. Indico la strada a quei turisti.

    A Ho indicato la strada a quei turisti.

    B Sono indicato la strada a quei turisti.

    C Ho indicuto la strada a quei turisti.

2. Accompagnamo la zia al supermercato.

    A Siamo accompagnati la zia al supermercato.

    B Abbiamo accompagnito la zia al supermercato.

    C Abbiamo accompagnato la zia al supermercato.

3. Vi disturbano?

    A Vi sono disturbato?

    B Vi sono disturbati?

    C Vi hanno disturbato?

4. Lui capisce molte cose.

    A Lui ha capito molte cose.

    B Lui è capito molte cose.

    C Lui hanno capito molte cose.

5. Vendiamo tutti i quotidiani.

    A Siamo venduti tutti i quotidiani.

    B Abbiamo vendato tutti i quotidiani.

    C Abbiamo venduto tutti i quotidiani.

Module 11
LE BASI

Complétez avec la forme correcte du verbe entre parenthèses au passé composé.

1. Carlo ... (partire) presto per evitare il traffico.
   - **A** è partito
   - **B** ha partito
   - **C** ha partuto

   Corrigé page 133

2. I miei amici ... (ringraziare) il vigile per le indicazioni.
   - **A** sono ringraziati
   - **B** hanno ringraziati
   - **C** hanno ringraziato

3. Per arrivare, io e Marta ... (continuare) a chiedere indicazioni.
   - **A** abbiamo continuato
   - **B** siamo continuati
   - **C** abbiamo continuati

4. Per andare al museo (io) ... (girare) a destra.
   - **A** ho giruto
   - **B** ho girato
   - **C** sono girati

5. (Tu) ... (passare) di fianco al supermercato?
   - **A** sei passato
   - **B** sono passato
   - **C** hai passato

6. Mi ... (girare) e ti ho visto!
   - **A** sono girato
   - **B** ho girati
   - **C** sei girato

Module 11
LE BASI

7. Anna ... (finire) tardi oggi?

   A ha finito

   B è finito

   C ha funito

> **Astuce** En règle générale, on conjugue les temps composés avec l'auxiliaire **essere** pour les verbes intransitifs (verbes d'état, de mouvement, etc.) et avec l'auxiliaire **avere** pour les verbes transitifs (pouvant avoir un C.O.D.) : **Sono andato a Roma**, *Je suis allé à Rome* ; **Ho mangiato una pizza**, *J'ai mangé une pizza*.
> **Attention !** Certains verbes intransitifs italiens forment régulièrement leurs temps composés avec **essere** alors que ce n'est pas le cas en français, comme **piacere**, *plaire* : **Roma non ci è piaciuta**, *Rome ne nous a pas plu*.

Complétez le passé composé avec le participe passé qui convient, en fonction du sens de la phrase.

1. Adesso ho ...!

   A capito
   B caputo
   C arrivito
   D arrivato

2. Perché non gli hai ...?

   A capito
   B caputo
   C creduto
   D credato

3. Chi vi ha ... qui?

   A passati
   B accompagniti
   C passato
   D accompagnati

4. Siamo ... fino alla rotatoria.

   A arrivati
   B arrivuti
   C arrivato
   D indicati

Module 11
LE BASI

Focus Pronoms personnels compléments (formes atones)

Corrigé page 133

Complétez avec le pronom personnel qui convient.

1. Non ... ho accompagnate perché ero stanca.
   - A le
   - B gli
   - C li

2. ... hanno detto di andare dritto e sono arrivata qui.
   - A me
   - B mi
   - C ci

3. Marco, ... ho detto che devi girare a sinistra!
   - A mi
   - B te
   - C ti

4. ... hanno detto che è sulla strada giusta.
   - A le
   - B ce
   - C ne

5. Se volete andare in piazza Cavour, ... do io le indicazioni corrette!
   - A ve
   - B vi
   - C ci

6. Ha camminato troppo, ma la città ... è piaciuta moltissimo.
   - A ti
   - B vi
   - C gli

7. Ieri sera gli amici ... hanno accompagnate a casa.
   - A lo
   - B le
   - C l'

8. Ciao Matteo, ... vediamo sempre volentieri!
   - A ci
   - B ti
   - C mi

9. ... hanno vista al semaforo.
   - A Ci
   - B Lo
   - C L'

Astuce Comme en français, si le C.O.D. (représenté par un pronom personnel dans l'exercice précédent) précède le verbe, le participe passé s'accorde en genre et en nombre avec lui : **Laura, l'ho conosciuta a scuola**, *Laura, je l'ai connue à l'école.*

Module 11
LE BASI

Focus Prépositions (suite)

Complétez avec la ou les bonne(s) préposition(s).

1. Non troviamo la strada ... andare al municipio.
   - **A** per
   - **B** di
   - **C** da

2. Non è complicato, è ... fronte ... voi!
   - **A** in/a
   - **B** di/da
   - **C** di/a

3. Via del Lavoro è la seconda ... sinistra.
   - **A** alla
   - **B** a
   - **C** in

4. L'accompagno io ... centro, così non si perde.
   - **A** in
   - **B** al
   - **C** a

5. Signora, vede la casa laggiù ... fondo ... viale alberato?
   - **A** in/di
   - **B** in/al
   - **C** al/in

6. Siamo ... via dei Lecci, una traversa ... viale Isonzo.
   - **A** a/di
   - **B** in/di
   - **C** a/al

7. Per andare ... piazza Verdi dovete prendere la terza ... destra.
   - **A** alla/di
   - **B** a/a
   - **C** in/a

Corrigé page 133

Focus La préposition *in*

*Pour chaque groupe de trois phrases, choisissez celle qui peut PAS être complétée par la préposition **in**.*

1.
   - **A** Mi può dire come si fa ad andare ... viale Cavour?
   - **B** Mi può dire come si fa ad arrivare ... rotatoria?
   - **C** Mi può dire come si fa ad arrivare ... Bologna?

Module 11
LE BASI

2.
- **A** Mi hanno indicato la strada per arrivare ... museo.
- **B** Mi hanno indicato la strada per arrivare ... supermercato.
- **C** Mi hanno indicato la strada per arrivare ... centro.

3.
- **A** Ci troviamo ... piazza Castello.
- **B** Ci troviamo ... bar.
- **C** Ci troviamo davanti ... casa tua.

Corrigé page 133

4.
- **A** Il distributore di benzina è vicino ... semaforo.
- **B** Il distributore di benzina è ... via Piave.
- **C** Il distributore di benzina è ... a destra dopo la rotatoria.

5.
- **A** La mia casa è ... destra prima dell'incrocio.
- **B** La mia casa è ... fondo alla strada.
- **C** La mia casa è ... un chilometro da qui.

Focus Vocabulaire : la rue et la circulation

Trouvez le mot correspondant à chaque devinette.

1. Spesso diventa rosso.
   - **A** incrocio
   - **B** municipio
   - **C** semaforo

2. Rotonda e a volte piena di fiori.
   - **A** strada
   - **B** rotatoria
   - **C** via

3. Può essere alberato.
   - **A** semaforo
   - **B** vigile
   - **C** viale

Module 11
LE BASI

4. Per non restare a piedi.
   - **A** traversa
   - **B** distributore di benzina
   - **C** semaforo

5. Per arrivare lontano bisogna farne tanta.
   - **A** rotatoria
   - **B** traversa
   - **C** strada

6. Perpendicolare alla via.
   - **A** traversa
   - **B** indicazione
   - **C** piazza

7. Grande spazio in città.
   - **A** via
   - **B** piazza
   - **C** chilometro

Focus Phrases idiomatiques

Choisissez ce qui complète ou répond à la phrase indiquée.

Corrigé page 133

1. Mi dici da che parte devo girare?
   - **A** Me lo sono dimenticato!
   - **B** Ce la faccio anche da solo!

2. Me lo ha spiegato tante volte,
   - **A** ma mi dispiace.
   - **B** ma non ho capito.

3. Scusi se la disturbo, mi può indicare dov'è piazza Castello?
   - **A** Non è complicato, ma è lontano.
   - **B** Non ti ho visto.

4. A che ora è l'appuntamento in piazza?
   - **A** Non ce la faccio.
   - **B** Non ricordo.

5. Serve aiuto?
   - **A** Grazie, ma ce la faccio da solo!
   - **B** Mi scusi!

6. Ce la fate?
   - **A** Per fortuna sì!
   - **B** L'ho dimenticato!

7. Ce l'abbiamo fatta!
   - **A** Ci dispiace!
   - **B** Meno male!

Module 11
LE BASI

8. Signora, si è persa?

   A Non mi ricordo!   **B** L'accompagno io!

Astuce On construit l'expression idiomatique **farcela**, *y arriver* (souvent avec peine) avec le verbe **fare** et la particule **ce la** qui reste invariable : **Ce la facciamo**, *Nous y arrivons*. Au passé composé, le participe passé s'accorde au féminin avec le pronom **la** : **Ce l'abbiamo fatta**, *Nous y sommes arrivés*, *Nous avons réussi*.

Focus **Exercices de traduction**

Choisissez la bonne traduction en italien.

Corrigé page 133

1. Vous devez tourner à droite et aller tout droit.

   A Deve girare alla destra e andare tutto dritto.
   B Deve girare a destra e andare sempre dritto.

2. Excusez-moi de vous déranger, Monsieur, je me suis perdue.

   A Scusi se la disturbo, signore, mi sono persa.
   B Scusa se vi disturbo, signore, mi sono persa.

3. La première rue transversale que vous trouvez est la rue Verdi.

   A La prima traversa che trova è via Verdi.
   B La prima via traversa che si trova è via Verdi.

4. Au bout de la rue Mazzini il y a une place avec l'hôtel de ville.

   A Al fondo di via Mazzini c'è una piazza col municipeo.
   B In fondo a via Mazzini c'è una piazza con il municipio.

5. Le musée est cet immeuble en briques rouges à côté du supermarché.

   A Il museo è quel palazzo di mattoni rossi di fianco al supermercato.
   B Il museo è quel palazzo in mattoni rossi a fianco di supermercato.

Module 11
LE BASI

Choisissez la bonne traduction en italien.

1. Excusez-moi, je n'ai pas compris, pouvez-vous répéter s'il vous plaît ?

    A Mi scusa, non ho capito, può ripetere per favore?

    B Scusimi, non ho capito, puoi ripetere per favore?

    C Mi scusi, non ho capito, può ripetere per favore?

2. J'ai oublié le chemin pour aller au musée.

    A Ho dimenticato la strada per andare al museo.

    B Ho dimenticata la strada di andare al museo.

    C Ha dimenticato la strada per andare in museo.

3. Je ne me souviens pas où est la station-service.

    A Non ricordi dove sta il distributore di benzina.

    B Non ricorda dov'è il distributore di benzina.

    C Non ricordo dov'è il distributore di benzina.

4. Je n'ai peut-être pas bien compris les indications de l'autre monsieur.

    A Forse non ha capito bene le indicazioni dell'altro signoro.

    B Forse non ho capito bene le indicazioni dell'altro signore.

    C Forse non hai capito bene gli indicazioni dell'altro signore.

5. Cela vous semble clair maintenant, Madame ?

    A Vi sembra chiaro adesso, signora?

    B La sembra chiaro adesso, signora?

    C Le sembra chiaro adesso, signora?

Corrigé page 133

Module 11
VOCABOLARIO E FRASI IDIOMATICHE

Verbes

accompagnare	*accompagner*
chiedere	*demander*
continuare	*continuer*
credere	*croire*
dimenticare	*oublier*
diventare	*devenir*
evitare	*éviter*
farcela (ce la faccio)	*y arriver (j'y arrive)*
girare	*tourner*
indicare	*indiquer*
perdersi	*se perdre*
spiegare	*expliquer*

Noms et adjectifs

alberato	*bordé d'arbres*
la benzina	*l'essence*
chiaro	*clair*
il chilometro	*le kilomètre*
complicato	*compliqué*
corretto	*correct, bon*
il distributore	*le distributeur*
il distributore di benzina (m.)	*la station-service*
il fiore (m.)	*la fleur*
giusto	*correct, bon*
l'incrocio	*le carrefour*

Module 11
VOCABOLARIO E FRASI IDIOMATICHE

l'indicazione	*l'indication*
lontano	*loin*
il mattone (m.)	*la brique*
il municipio	*l'hôtel de ville*
il museo	*le musée*
il palazzo	*l'immeuble*
perpendicolare	*perpendiculaire*
la piazza	*la place*
pieno	*plein*
il quotidiano	*le quotidien* (journal)
rosso	*rouge*
la rotatoria (f.)	*le rond-point*
rotondo	*rond*
secondo	*deuxième*
il semaforo	*le feu tricolore*
lo spazio	*l'espace*
la strada	*la route, le chemin*
il supermercato	*le supermarché*
terzo	*troisième*
il traffico (m.)	*la circulation*
la traversa	*la rue transversale*
il turista (pl. i turisti, f. la turista / le turiste)	*le touriste*
la via	*la rue*
il viale	*le boulevard*
il vigile	*l'agent de la circulation*

Module 11
VOCABOLARIO E FRASI IDIOMATICHE

Adverbes et locutions

dritto (sempre dritto)	*droit (tout droit)*
fino a	*jusqu'à*
laggiù	*là-bas*
per fortuna	*heureusement*

Module 11
CORRIGÉ

Le basi

PAGES 121-123

Passé composé (verbes réguliers)
1 **A** 2 **C** 3 **C** 4 **A** 5 **C**
1 **A** 2 **C** 3 **A** 4 **B** 5 **A** 6 **A** 7 **A**
1 **A** 2 **B** 3 **D** 4 **A**

PAGE 124

Pronoms personnels compléments (formes atones)
1 **A** 2 **B** 3 **C** 4 **A** 5 **B** 6 **C** 7 **B** 8 **B** 9 **C**

PAGE 125

Prépositions (suite)
1 **A** 2 **C** 3 **B** 4 **A** 5 **B** 6 **B** 7 **C**

PAGE 125

La préposition **in**
1 **A** 2 **C** 3 **A** 4 **B** 5 **B**

PAGE 126

Vocabulaire : la rue et la circulation
1 **C** 2 **B** 3 **C** 4 **B** 5 **C** 6 **A** 7 **B**

PAGE 127

Phrases idiomatiques
1 **A** 2 **B** 3 **A** 4 **B** 5 **A** 6 **A** 7 **B** 8 **B**

PAGES 128-129

Exercices de traduction
1 **B** 2 **A** 3 **A** 4 **B** 5 **A**
1 **C** 2 **A** 3 **C** 4 **B** 5 **C**

Vous avez obtenu entre 0 et 15 ? Reprenez chaque question en regardant les endroits où vous avez fait des erreurs.

Vous avez obtenu entre 16 et 31 ? C'est très moyen, mais ne vous découragez pas.

Vous avez obtenu entre 32 et 49 ? Formidable ! Analysez les erreurs et, si besoin, révisez la ou les notions que vous ne maîtrisez pas complètement.

Vous avez obtenu 50 et plus ? Bravissimo!

Module 12
LE BASI

Focus Passé composé (verbes irréguliers)

Complétez chaque phrase de ce dialogue comme il convient.

Corrigé page 145

1. Buongiorno, signora, ...

   A ha già scelto quello che vuole?

   B è già scelta quello che vuole?

   C ha già sceglie quello che vuole?

2. Non ancora, ma ... che ci sono delle belle arance nel reparto ortofrutta.

   A sono visto

   B ho vedito

   C ho visto

3. Certo! Ecco, ne ... un po' sulla bilancia. Un chilo e sei etti, va bene?

   A ho messe

   B sono messo

   C ho mettuto

4. Perfetto, ... che prendo anche delle patate e delle carote.

   A sono decisa

   B ho deciso

   C ho deciduto

5. Le ... la frutta dalla verdura. Può andare alla cassa, arrivederci!

   A ho diviso

   B sono diviso

   C ho dividuto

Astuce Quand le pronom **ne** précède un verbe composé avec l'auxiliaire **avere**, le participe passé s'accorde en genre et en nombre avec ce à quoi **ne** se réfère : **Di mele** (f. pl.), **ne ho comprate tre**, *Des pommes, j'en ai acheté trois* ; **Di pomodori** (m. pl.), **ne ho comprati due**, *Des tomates, j'en ai acheté deux*. Ce pronom se comporte donc comme les autres pronoms personnels compléments – formes atones.

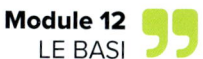

Module 12
LE BASI

Choisissez la bonne réponse pour chaque phrase de ce dialogue.

1. Ciao Alessia, anche tu fai la spesa qui!

    A Sì, ho preso tanta bella verdura fresca. È appena arrivata!

    B Sì, ho prenduto tanta bella verdura fresca. È appena arrivata!

    C Sì, ho preso tanta bella verdura fresca. Ha appena arrivato!

2. Buongiorno, mi dà del pane e un litro di latte, per favore?

    A Ecco a lei. Ha vedato che ci sono i biscotti al cioccolato?

    B Ecco a lei. Ha visto che ci sono i biscotti al cioccolato?

    C Ecco a lei. Ha verso che ci sono i biscotti al cioccolato?

3. Che bella roba avete in questa salumeria!

    A Abbiamo aperto da poco e teniamo i prodotti migliori!

    B Abbiamo aprito da poco e teniamo i prodotti migliori!

    C Siamo apertati da poco e teniamo i prodotti migliori!

4. È ancora aperto? mi serve solo un detersivo!

    A Mi dispiace ma ho già chiuduto la cassa!

    B Mi dispiace ma ho già chiusato la cassa!

    C Mi dispiace ma ho già chiuso la cassa!

Corrigé page 145

5. Scusi, in che corsia sono i prodotti di pulizia?

    A Li abbiamo mettati nella terza corsia dopo le casse.

    B Li abbiamo mettuti nella terza corsia dopo le casse.

    C Li abbiamo messi nella terza corsia dopo le casse.

Astuce Quand l'adverbe **appena** se trouve entre l'auxiliaire et le participe passé, la phrase prend le sens d'un passé immédiat : **Sono appena arrivato**, *Je viens d'arriver*.

Module 12
LE BASI

Choisissez le verbe au passé composé correspondant à celui donné au présent en gras (même personne).

1. **Corro** per andare a comprare il latte!
   - A Ho corso
   - B Sono corruta
   - C Ho corruto

2. Gli **dico** di comprare anche della carne e dei pomodori.
   - A ho diciuto
   - B ho dicato
   - C ho detto

3. **Viene** a far la spesa con me.
   - A È venuto
   - B Ha venuto
   - C Ha vento

4. **Fanno** la spesa al supermercato.
   - A Hanno faciuto
   - B Hanno fatto
   - C Hanno farso

5. Il fornaio **pesa** il pane.
   - A Ha pesato
   - B Ha perso
   - C Ha pesatto

> **Astuce** Certains verbes de mouvement, comme **correre**, *courir*, bien qu'intransitifs, se conjuguent avec l'auxiliaire **avere** quand le mouvement est réalisé en tant que tel, sans indiquer de direction. Si elle est indiquée, l'auxiliaire est **essere** : **Ho corso tutto il giorno**, *J'ai couru toute la journée* ; **Siamo corsi alla stazione**, *Nous avons couru à la gare* (nous sommes allés à la gare en courant).

Complétez avec le bon passé composé du verbe donné à l'infinitif entre parenthèses.

Corrigé page 145

1. Luca ... (dire) che più tardi va a comprare salumi e formaggi.
   - A ha detto
   - B è detto

2. (Io) ... (leggere) che ci sono gli sconti al supermercato.
   - A ho leggito
   - B ho letto

3. Io e Federico ... (bere) un caffè al bar.
   - A abbiamo berso
   - B abbiamo bevuto

4. Il fornaio ... (scrivere) sul cartello che torna subito.
   - A ha scritto
   - B ha scriveto

Module 12
LE BASI

5. Alice ... (vivere) tanti anni in un piccolo paesino.
   - **A** ha vissuto
   - **B** ha visso

6. Mangiando i biscotti, ... (ridere) e chiacchierato.
   - **A** hanno ridato
   - **B** hanno riso

Corrigé page 145

Focus Pronoms personnels compléments (formes toniques)

Complétez avec le pronom personnel complément (forme tonique) qui convient.

1. Adesso rispondo a ...
   - **A** voi
   - **B** tu
   - **C** io

2. La prossima volta ci andrò con ...
   - **A** ti
   - **B** mi
   - **C** lei

3. L'ha fatto per ...
   - **A** noi
   - **B** ni
   - **C** ne

4. Vengo subito da ...
   - **A** tu
   - **B** ti
   - **C** te

5. Mi piace fare la spesa con ...
   - **A** lo
   - **B** lui
   - **C** gli

6. Vogliono ...
   - **A** me
   - **B** io
   - **C** mi

Astuce Les pronoms personnels compléments (formes toniques ou fortes) sont utilisés non seulement après une préposition mais aussi en tant que C.O.D. pour donner une importance particulière à la personne : **Ho chiamato lui**, *C'est lui que j'ai appelé*.

Module 12
LE BASI

Choisissez le pronom personnel singulier correspond à celui au pluriel dans chaque phrase.

1. Dov'è il sacchetto? L'ho dato a voi!
   - **A** a te
   - **B** a ti
   - **C** a tu
   - **D** a tuo

   Corrigé page 145

2. Questa torta l'ha preparata per noi.
   - **A** per mi
   - **B** per me
   - **C** per io
   - **D** per mia

3. Vogliono proprio loro.
   - **A** la
   - **B** lui
   - **C** le
   - **D** il

Focus Vocabulaire : les courses, la nourriture

Trouvez le mot correspondant à chaque devinette.

1. Non va bene per il vegetariano.
   - **A** la carne
   - **B** la verdura
   - **C** la frutta

2. Se non ci passi sei un ladro.
   - **A** a casa
   - **B** alla cassa
   - **C** in corsia

3. Per farlo serve il latte.
   - **A** il salume
   - **B** la patata
   - **C** il formaggio

4. Fa piangere.
   - **A** il fornaio
   - **B** la spesa
   - **C** la cipolla

5. Dello stesso colore delle arance.
   - **A** la bilancia
   - **B** la carota
   - **C** la cioccolata

6. Pesa.
   - **A** il direttore
   - **B** il vigile
   - **C** la bilancia

Module 12
LE BASI

Complétez avec le mot qui convient.

1. Non so in quale ... sono i prodotti di pulizia.
   - **A** corsia
   - **B** strada
   - **C** cassa

2. Ho messo le mele sulla ...
   - **A** casa
   - **B** bilancia
   - **C** signora

3. Mi serve il ... per la lavatrice.
   - **A** salume
   - **B** sacchetto
   - **C** detersivo

4. Ho visto le cipolle nel ... ortofrutta.
   - **A** reparto
   - **B** formaggio
   - **C** palazzo

5. Sono andata in ... a comprare il prosciutto.
   - **A** rotatoria
   - **B** municipio
   - **C** salumeria

6. Ho preso un ... e mezzo di pane.
   - **A** minuto
   - **B** chilo
   - **C** chilometro

Focus Exercices de traduction

Choisissez la bonne traduction en italien.

1. Pour ce travail, c'est toi que je veux.
   - **A** Per questo lavoro, è tu che voglio
   - **B** Per questo lavoro, voglio ti.
   - **C** Per questo lavoro voglio te.

Corrigé page 145

2. Avec lui, nous sommes sûrs d'arriver à l'heure.
   - **A** Per lui, siamo sicuro di arrivare puntuali.
   - **B** Con lui, siamo sicuri di arrivare puntuali.
   - **C** Con lui, siamo sicuri di arrivare puntuale.

Module 12
LE BASI

3. Je compte sur toi.
   - **A** Conto su di te.
   - **B** Conto su tu.
   - **C** Conto sul ti.

Corrigé page 145

4. Il aime travailler avec moi.
   - **A** Ama lavorare con mi.
   - **B** Gli piacia lavorare con me.
   - **C** Gli piace lavorare con me.

5. Pour moi, il n'y arrive pas.
   - **A** Per mi, non ce lo fa.
   - **B** Per me, non ce la fa.
   - **C** Per me, non arriva ci.

Choisissez la bonne traduction en italien.

1. Excusez-moi, pouvez-vous me dire où est le rayon fruits et légumes, s'il vous plaît ?
   - **A** Scusa, mi può dire dov'è il raggio ortofrutta, per favore?
   - **B** Scusi, mi sa dire dov'è il reparto ortofrutta, per favore?

2. Nous avons de très belles oranges et d'excellentes tomates, Madame.
   - **A** Abbiamo bellissime orange e ottime pomodori, signora.
   - **B** Abbiamo bellissime arance e ottimi pomodori, signora.

3. Je peux vous être utile (en quelque chose) ?
   - **A** Posso esserle utile in qualche cosa?
   - **B** Posso esservi utilo in qualche cosa?

4. Je viens faire mes courses ici presque tous les jours.
   - **A** Vengo a fare le spese qui quasi tutto il giorno.
   - **B** Vengo a fare la spesa qui quasi tutti i giorni.

Module 12
VOCABOLARIO E FRASI IDIOMATICHE

5. Chez le boulanger, nous avons acheté du pain et des biscuits.

   A Dal forno abbiamo comprati pani e biscotto.

   B Dal fornaio abbiamo comprato pane e biscotti.

Verbes

Participe passé des verbes en **-are** : **-ato** (**parlare** – **parlato**) *parler*
                                 -ere : **-uto** (**potere** – **potuto**) *pouvoir*
                                 -ire : **-ito** (**finire** – **finito**) *finir*

Participes passés irréguliers :

aprire – aperto	*ouvrir*
bere – bevuto	*boire*
chiudere – chiuso	*fermer*
correre – corso	*courir*
decidere – deciso	*décider*
dire – detto	*dire*
dividere – diviso	*diviser*
fare – fatto	*faire*
leggere – letto	*lire*
mettere – messo	*mettre*
piangere – pianto	*pleurer*
prendere – preso	*prendre*
ridere – riso	*rire*
scegliere – scelto	*choisir*
scrivere – scritto	*écrire*
vedere – visto	*voir*
venire – venuto	*venir*
vivere – vissuto	*vivre*

Module 12
VOCABOLARIO E FRASI IDIOMATICHE

chiacchierare	*bavarder*
contare	*compter*
pesare	*peser*
tenere	*tenir, avoir*
tornare	*revenir*

Noms et adjectifs

l'arancia	*l'orange*
la bilancia	*la balance*
il biscotto	*le biscuit*
la carne	*la viande*
la carota	*la carotte*
il cartello	*le panneau*
la cassa	*la caisse*
il chilo	*le kilo*
il cioccolato	*le chocolat*
la cipolla (f.)	*l'oignon*
il colore (m.)	*la couleur*
la corsia (f.)	*le rayon*
il detersivo (m.)	*la lessive*
il direttore	*le directeur*
l'etto	*100 grammes*
il formaggio	*le fromage*
il fornaio	*le boulanger*
fresco	*frais*
la frutta (f. sing.)	*les fruits*

Module 12
VOCABOLARIO E FRASI IDIOMATICHE

il ladro	*le voleur*
il latte	*le lait*
la lavatrice	*la machine à laver*
il litro	*le litre*
la mela	*la pomme*
mezzo	*demi*
ortofrutta	*fruits et légumes*
il paesino	*le petit village*
il pane	*le pain*
la patata	*la pomme de terre*
perfetto	*parfait*
il pomodoro (m.)	*la tomate*
il prodotto	*le produit*
il prosciutto	*le jambon*
la pulizia (f.)	*le nettoyage*
il reparto	*le rayon*
la roba	*la marchandise*
il sacchetto	*le sac* (en plastique)
il salume (m.)	*la charcuterie* (aliments)
la salumeria	*la charcuterie* (magasin)
lo sconto (m.)	*la remise*
sicuro	*sûr*
la spesa (sing.)	*les courses*
stesso	*même*
il supermercato	*le supermarché*
la torta	*la tarte*

Module 12
VOCABOLARIO E FRASI IDIOMATICHE

utile	*utile*
vegetariano	*végétarien*
la verdura (sing.)	*les légumes*

Locutions / Phrases essentielles

Conto su di voi.	*Je compte sur vous.*
fare la spesa	*faire ses courses*
Ho appena finito.	*Je viens de finir.*
non ancora	*pas encore*
Posso esserle utile?	*Je peux vous être utile ?*

Module 12
CORRIGÉ

Le basi

PAGES 134-136

Passé composé (verbes irréguliers)
1**A** 2**C** 3**A** 4**B** 5**A**
1**A** 2**B** 3**A** 4**C** 5**C**
1**A** 2**C** 3**A** 4**B** 5**A**
1**A** 2**B** 3**B** 4**A** 5**A** 6**B**

PAGES 137-138

Pronoms personnels compléments (formes toniques)
1**A** 2**C** 3**A** 4**C** 5**B** 6**A**
1**A** 2**B** 3**B**

PAGES 138-139

Vocabulaire : les courses, la nourriture
1**A** 2**B** 3**C** 4**C** 5**B** 6**C**
1**A** 2**B** 3**C** 4**A** 5**C** 6**B**

PAGES 139-140

Exercices de traduction
1**C** 2**B** 3**A** 4**C** 5**B**
1**B** 2**B** 3**A** 4**B** 5**B**

Vous avez obtenu entre 0 et 13 ? Reprenez chaque question en regardant les endroits où vous avez fait des erreurs.

Vous avez obtenu entre 16 et 30 ? C'est très moyen, mais ne vous découragez pas.

Vous avez obtenu entre 31 et 44 ? Formidable ! Analysez les erreurs et, si besoin, révisez la ou les notions que vous ne maîtrisez pas complètement.

Vous avez obtenu 45 et plus ? Bravissimo!

Module 13
LE BASI

Focus Imparfait de l'indicatif

Choisissez la phrase à l'imparfait de l'indicatif correspondant à celle donnée au présent.

1. Andiamo al mercato tutti i venerdì.
   - **A** Siamo andati al mercato tutti i venerdì.
   - **B** Vadavamo al mercato tutti i venerdì.
   - **C** Andavamo al mercato tutti i venerdì.

Corrigé page 156

2. Compro il pane fresco dal fornaio ogni mattina.
   - **A** Compravo il pane fresco dal fornaio ogni mattina.
   - **B** Comprivo il pane fresco dal fornaio ogni mattina.
   - **C** Comprato il pane fresco dal fornaio ogni mattina.

3. Bevi solo un caffè per colazione?
   - **A** Berevi solo un caffè per colazione?
   - **B** Bevevi solo un caffè per colazione?
   - **C** Bevivi solo un caffè per colazione?

4. Portano sempre i vestiti in lavanderia.
   - **A** Portavano sempre i vestiti in lavanderia.
   - **B** Portevano sempre i vestiti in lavanderia.
   - **C** Portava sempre i vestiti in lavanderia.

5. Questo negozio di fiori apre anche la domenica.
   - **A** Questo negozio di fiori apreva anche la domenica.
   - **B** Questo negozio di fiori apriava anche la domenica.
   - **C** Questo negozio di fiori apriva anche la domenica.

Module 13
LE BASI

Choisissez la bonne réponse à l'imparfait de l'indicatif pour chaque question posée.

1. Venite spesso in questo negozio di abbigliamento?

   A No, ma ci venivamo sempre quando abitevamo qui.

   B No, ma ci vengavamo sempre quando abitavamo qui.

   C No, ma ci venivamo sempre quando abitavamo qui.

Corrigé page 156

2. Le piacciono queste scarpe, signora?

   A Sì, ma preferevo quelle che erano in vetrina ieri.

   B Sì, ma preferivo quelle che esserano in vetrina ieri.

   C Sì, ma preferivo quelle che erano in vetrina ieri.

3. Prendi anche tu la verdura al mercato?

   A Prima prendeva tutto al mercato, ma adesso non ci vado più.

   B Prima prendevo tutto al mercato, ma adesso non ci vado più.

   C Prima prendivo tutto al mercato, ma adesso non ci vado più.

4. Hai comprato i quaderni e le penne?

   A No, dovevi andare tu in cartoleria!

   B No, devevi andare tu in cartoleria!

   C No, dovevevi andare tu in cartoleria!

5. Alberto fa colazione fuori al mattino?

   A La fareva fuori quando la pasticceria apriva prestissimo.

   B La faceva fuori quando la pasticceria apriva prestissimo.

   C La feva fuori quando la pasticceria aprireva prestissimo.

Astuce Le verbe **prendere**, *prendre*, est souvent utilisé avec le sens *d'acheter* : **Che bel vestito! Dove l'hai preso?**, *Quel beau vêtement ! Où l'as-tu acheté ?*

Module 13
LE BASI

Complétez avec la forme correcte du verbe à l'imparfait de l'indicatif.

Corrigé page 156

1. Nelle torta ... mezzo chilo di farina e mezzo etto di zucchero.
   - A mettevo
   - B metteravo
   - C mettivo

2. La tabaccheria del quartiere ... presto.
   - A chiudava
   - B chiuseva
   - C chiudeva

3. La pasticceria in piazza ... alle sette.
   - A apriva
   - B apertava
   - C apritiva

4. A volte gli ... di accompagnarmi al centro commerciale.
   - A chiedavo
   - B chiedevo
   - C chiederevo

5. In vacanza ... tutti i giorni.
   - A corseva
   - B correreva
   - C correva

6. Chi ... la spesa da voi?
   - A faceva
   - B facevate
   - C fareva

7. Non ci ... mai niente.
   - A dicavamo
   - B direvamo
   - C dicevamo

8. ... di lavorare alla stessa ora.
   - A Finivano
   - B Finiscono
   - C Finisciavano

Focus Pronoms personnels compléments avec les verbes à l'infinitif

Complétez avec la forme correcte du verbe à l'infinitif associée au pronom personnel complément (forme atone), en fonction du sens de la phrase.

1. Vuole ... bene.
   - A pensarne
   - B pensargli
   - C pensarci

2. Bisogna ... prima di andare alla cassa.
   - A pesarla
   - B pesarci
   - C pesargli

Module 13
LE BASI

3. Dovevate ... ieri! Adesso sono finite.
   - **A** comprarmi
   - **B** comprarle
   - **C** comprarci

4. Devi ... subito la verità!
   - **A** dirne
   - **B** dirgli
   - **C** dirti

5. Voglio ... anch'io!
   - **A** venirci
   - **B** venirle
   - **C** venirvi

6. Potevi ...!
   - **A** immaginarne
   - **B** immaginarlo
   - **C** immaginargli

7. Vuole ... ancora?
   - **A** prendersi
   - **B** prenderci
   - **C** prenderne

8. Scusi, sa ... dov'è la farmacia?
   - **A** dirmi
   - **B** dirvi
   - **C** dirne

9. Vengo a ... alle nove.
   - **A** prenderci
   - **B** prenderti
   - **C** prendermi

> **Astuces** • Comme les pronoms personnels compléments (formes atones), les pronoms **ci** (= y) et **ne** (= en) s'accolent à la fin des verbes à l'infinitif et au gérondif : **Voglio mangiarne due**, Je veux en manger deux ; **Passerò da te andandoci**, Je passerai chez toi en y allant.
> • L'expression idiomatique **andare a prendere** correspond à aller chercher quelqu'un : **Vado a prendere i bambini a scuola**, Je vais chercher les enfants à l'école.

Focus Pronoms personnels compléments avec les verbes au gérondif

Complétez chaque phrase avec la fin qui convient.

Corrigé page 156

1. Non sembri straniero ...
   - **A** sentendoti parlare.
   - **B** sentendogli parlare.

2. Mi sono tranquillizzato ...
   - **A** vedendoli arrivare.
   - **B** vedendoci arrivare.

> **Module 13**
> LE BASI

3. Si è sentita meglio ...
   - **A** dicendolo la verità.
   - **B** dicendoci la verità.

4. Ne prende due ...
   - **A** pagandone uno solo.
   - **B** pagandoci uno solo.

5. Si è rotta ...
   - **A** aprendole.
   - **B** aprendola.

6. È un posto che piace sempre di più ...
   - **A** vivendoli.
   - **B** vivendoci.

| Focus | **Pronoms personnels compléments avec les verbes à l'infinitif ou au gérondif** |

Complétez avec la combinaison verbe + pronom personnel complément qui convient.

1. Mi piace ... spesso.
   - **A** venirti
   - **B** venirmi
   - **C** venirci

Corrigé page 156

2. ... meglio, forse lo conosco.
   - **A** Guardandoli
   - **B** Guardandolo
   - **C** Guardarlo

3. Vieni a ...?
   - **A** prendermi
   - **B** prendervi
   - **C** prendendolo

4. Voglio ... con voi.
   - **A** parlarci
   - **B** parlarne
   - **C** parlarvi

Module 13
LE BASI

5. Vuoi ... che cosa sta succedendo?
   - **A** spiegarmi
   - **B** spiegarti
   - **C** spiegarne

Corrigé page 156

Focus Expressions du poids

Complétez avec l'expression du poids qui convient.

1. Ho messo solo pochi ... di zucchero nel tè.
   - **A** grammi
   - **B** etti
   - **C** chili

2. Luca pesa più di un ..., è grassissimo!
   - **A** quintale
   - **B** chili
   - **C** chilo

3. Abbiamo comprato mezzo ... di pomodori.
   - **A** chilo
   - **B** grammo
   - **C** etti

4. Mi da un ... di prosciutto, per favore?
   - **A** etto
   - **B** chili
   - **C** grammo

5. Mi sono pesata stamattina ed ero 50 ...
   - **A** quintali
   - **B** etti
   - **C** chili

Focus Vocabulaire : les magasins

Complétez avec le magasin qui convient.

1. Dove posso comprare una medicina? – In ... .
   - **A** farmacia
   - **B** pasticceria
   - **C** lavanderia
   - **D** fornaio

2. Dove posso assaggiare una buona pasta alla crema? – In ... .
   - **A** farmacia
   - **B** tabaccheria
   - **C** pasticceria
   - **D** lavanderia

3. Dove vado a prendere i quaderni? – In ... .
   - **A** salumeria
   - **B** macelleria
   - **C** pasticceria
   - **D** cartoleria

Module 13
LE BASI

Corrigé page 156

4. Dove porto i maglioni a lavare? – In ... .
   - **A** tabaccheria
   - **B** lavanderia
   - **C** macelleria
   - **D** caroleria

5. Dove posso trovare della buona carne? – In ... .
   - **A** macelleria
   - **B** tabaccheria
   - **C** pasticceria
   - **D** ufficio

6. Dove compro le sigarette? – In ... .
   - **A** lavanderia
   - **B** farmacia
   - **C** tabaccheria
   - **D** salumeria

7. Dove posso trovare delle fragole? – Dal ... .
   - **A** fornaio
   - **B** fruttivendolo
   - **C** tabaccaio
   - **D** pasticceria

8. Dove posso comprarmi un bel vestito? – Nel negozio di ... .
   - **A** detersivi
   - **B** fiori
   - **C** abbigliamento
   - **D** scarpe

Focus La préposition *da*, *chez*

*Choisissez la bonne phrase où insérer la préposition **da** ou l'article contracté indiqué.*

1. dalla
   - **A** Oggi vado ... parrucchiera.
   - **B** Sotto casa mia c'è un negozio ... parrucchiera.

2. dal
   - **A** Il bar è vicino ... fornaio.
   - **B** Sono ... fornaio.

3. da
   - **A** Vieni a cena ... noi stasera?
   - **B** Ci ha invitati ... cena.

4. da
   - **A** Ci troviamo ... Paolo.
   - **B** Sono uscita ... Paolo.

5. dai
   - **A** Vengo ... casa dei nonni.
   - **B** Pranziamo ... nonni.

Astuce La préposition **da** (et les articles contractés formés avec elle) correspond à *chez*. Elle s'utilise aussi bien pour indiquer le domicile de quelqu'un (**sono da Lucia**, *je suis chez Lucia*) qu'un magasin (**vado dal fornaio**, *je vais chez le boulanger*).

Module 13
LE BASI

Focus **Exercice de traduction**

Choisissez la bonne traduction en italien.

1. Elena et Silvia ? Je les rencontrais souvent en y allant.

    A Elena e Silvia? Le incontravo spesso andatoci.

    B Elena e Silvia? Le incontravo spesso andandoci.

    C Elena e Silvia? La incontravo spesso andandoci.

2. Il en a acheté un kilo et demi.

    A Ne ha comprava un chilo e mezzo.

    B Ne ha comprato mezzo chilo.

    C Ne ha comprato un chilo e mezzo.

3. Mon père était boulanger et chez lui on achetait toujours du bon pain.

    A Il mio padre faceva il fornaio e da lui si compravano sempre buon pane.

    B Mio padre faceva il fornaio e da lui si comprava sempre buon pane.

    C Mio padre fava il forno e da lui si comprava sempre buon pane.

4. Il aimait prendre son petit-déjeuner dans une pâtisserie tous les matins.

    A Amava fare colazione in una pasta tutte le mattine.

    B Le piaceva fare la colazione in pasticceria tutte le mattine.

    C Gli piaceva fare colazione in pasticceria tutte le mattine.

5. Il m'a dit qu'il ne voulait plus en entendre parler.

    A Mi ha detto che non voleva più sentirne parlare.

    B Mi ha ditto che non voleva più sentirlo parlare.

    C Mi ha detto che non volendone più sentire parlare.

Astuce C'est souvent avec le verbe **fare** que l'on indique le métier de quelqu'un : **Faccio il macellaio**, *Je suis boucher.*

Module 13
VOCABOLARIO E FRASI IDIOMATICHE

Verbes

Imparfait de l'indicatif des verbes réguliers :

parl**are** *parler*
(io) parl-**av**-**o** *je parlais*
(tu) parl**avi** *tu parlais*
(lui, lei, si) parl**ava** *il, elle, on parlait*
(noi) parl**avamo** *nous parlions*
(voi) parl**avate** *vous parliez*
(loro) parl**avano** *ils, elles parlaient*

prend**ere** *prendre*
(io) prend-**ev**-**o** *je prenais*
(tu) prend**evi** *tu prenais*
(lui, lei, si) prend**eva** *il, elle, on prenait*
(noi) prend**evamo** *nous prenions*
(voi) prend**evate** *vous preniez*
(loro) prend**evano** *ils, elles prenaient*

fin**ire** *finir*
(io) fin-**iv**-**o** *je finissais*
(tu) fin**ivi** *tu finissais*
(lui, lei, si) fin**iva** *il, elle, on finissait*
(noi) fin**ivamo** *nous finissions*
(voi) fin**ivate** *vous finissiez*
(loro) fin**ivano** *ils, elles finissaient*

Imparfait de l'indicatif des verbes irréguliers (avec désinences régulières) :

fa**re** – fac**ev**o *faire – je faisais*
di**re** – dic**ev**o *dire – je disais*

assaggiare	*goûter*
immaginare	*imaginer*
invitare	*inviter*
rompere (part. passé rotto)	*casser*
sembrare	*sembler*
sentirsi	*se sentir*
tranquillizzare	*rassurer*

Module 13
VOCABOLARIO E FRASI IDIOMATICHE

Noms et adjectifs

l'abbigliamento	*l'habillement*
la cartoleria	*la papeterie*
la crema	*la crème*
la farina	*la farine*
il fiore (m.)	*la fleur*
il grammo	*le gramme*
la lavanderia	*la blanchisserie*
il maglione	*le pullover*
la medicina (f.)	*le médicament*
il mercato	*le marché*
il parrucchiere	*le coiffeur*
la pasta	*la pâtisserie* (le gâteau)
la pasticceria	*la pâtisserie* (le magasin)
il quintale	*le quintal* (100 kilos)
il quaderno	*le cahier*
il vestito	*le vêtement*
la tabaccheria (f.)	*le bureau de tabac*

Module 13
CORRIGÉ

Le basi

VOTRE SCORE :

PAGES 146-148
Imparfait de l'indicatif
1 **C**   2 **A**   3 **B**   4 **A**   5 **C**
1 **C**   2 **C**   3 **B**   4 **A**   5 **B**
1 **A**   2 **C**   3 **A**   4 **B**   5 **C**   6 **A**   7 **C**   8 **A**

PAGE 148
Pronoms personnels compléments avec les verbes à l'infinitif
1 **C**   2 **A**   3 **B**   4 **B**   5 **A**   6 **B**   7 **C**   8 **A**   9 **B**

PAGE 149
Pronoms personnels compléments avec les verbes au gérondif
1 **A**   2 **A**   3 **B**   4 **A**   5 **B**   6 **B**

PAGE 150
Pronoms personnels compléments avec les verbes à l'infinitif ou au gérondif
1 **C**   2 **B**   3 **A**   4 **B**   5 **A**

PAGE 151
Expressions du poids
1 **A**   2 **A**   3 **A**   4 **A**   5 **C**

PAGE 151
Vocabulaire : les magasins
1 **A**   2 **C**   3 **D**   4 **B**   5 **A**   6 **C**   7 **B**   8 **C**

PAGE 152
La préposition da, chez
1 **A**   2 **B**   3 **A**   4 **B**   5 **B**

PAGE 153
Exercice de traduction
1 **B**   2 **C**   3 **B**   4 **C**   5 **A**

Vous avez obtenu entre 0 et 15 ? Reprenez chaque question en regardant les endroits où vous avez fait des erreurs.

Vous avez obtenu entre 16 et 31 ? C'est très moyen, mais ne vous découragez pas.

Vous avez obtenu entre 32 et 49 ? Formidable ! Analysez les erreurs et, si besoin, révisez la ou les notions que vous ne maîtrisez pas complètement.

Vous avez obtenu 50 et plus ? Bravissimo!

Module 14
LE BASI

Focus Impératif

Complétez avec la forme correcte du verbe à l'impératif.

Corrigé page 168

1. Dottore, ... la gola a mio figlio, per favore! Gli fa male.
   - **A** guarda
   - **B** guardi
   - **C** guardate

2. ... la bocca Simone che ti controllo la gola!
   - **A** Apri
   - **B** Apre
   - **C** Apra

3. Adesso, Simone, ... tre volte!
   - **A** tossi
   - **B** tossisca
   - **C** tossisci

4. Ora ... sul lettino che ti sento la pancia.
   - **A** sali
   - **B** salga
   - **C** salisci

5. Signora, ... in farmacia e ... questo sciroppo alle erbe!
   - **A** va'/prendi
   - **B** vada/prenda
   - **C** vai/prenda

6. Lo ... subito a suo figlio, signora, appena tornate a casa!
   - **A** dia
   - **B** dai
   - **C** dà

7. È influenza, mi raccomando ... in casa al caldo!
   - **A** state
   - **B** sto
   - **C** stanno

8. Ecco, signora, ... la ricetta!
   - **A** tenete
   - **B** tieni
   - **C** tenga

9. Grazie e arrivederci. ... Simone e ... il dottore!
   - **A** vieni/salutate
   - **B** vieni/saluta
   - **C** venga/saluti

Astuce **Mi raccomando** (forme pronominale du verbe **raccomandare**, *recommander*) exprime une insistance sur un conseil ou une recommandation : **Il medico si è raccomandato di non uscire**, *Le médecin a vivement recommandé de ne pas sortir*.

Module 14
LE BASI

Complétez avec la forme correcte du ou des verbe(s) à l'impératif.

1. Hai mal di schiena? ... un po' fermo e non ...!
   - **A** State/lavorate
   - **B** Sta'/lavorare
   - **C** Sta'/lavora

2. Hai mal di denti? ... dal dentista!
   - **A** Va'
   - **B** Andate
   - **C** Vado

3. Avete mal di pancia? Non ...!
   - **A** Mangia
   - **B** Mangi
   - **C** Mangiate

4. Signora, ha mal di testa? ... un'aspirina!
   - **A** Prendi
   - **B** Prendete
   - **C** Prenda

5. Ha mal di gola? ... una sciarpa!
   - **A** Metta
   - **B** Mette
   - **C** Mettete

> **Astuce** À l'impératif, la deuxième personne du singulier des verbes **andare**, **dare**, **dire**, **fare**, **stare** est monosyllabique : **va'**, **da'**, **di'**, **fa'**, **sta'**. L'apostrophe marque la chute du **i** final.

Complétez avec la forme correcte du verbe à l'impératif.

1. Nonno, non ... freddo!
   - **A** prenda
   - **B** prendi
   - **C** prendere
   - **D** prendete

2. Signor Bianchi, ... la ricetta!
   - **A** leggo
   - **B** leggete
   - **C** leggi
   - **D** legga

3. Ragazzi, non ... quello che vi dicono!
   - **A** ascoltate
   - **B** ascolta
   - **C** ascoltiamo
   - **D** ascolti

4. Simone, ... la tua minestra!
   - **A** finite
   - **B** finisci
   - **C** finisca
   - **D** finiti

5. Signora, ..., tocca a lei!
   - **A** venite
   - **B** venga
   - **C** vieni
   - **D** veniamo

Module 14
LE BASI

> **Astuce** L'expression **provare la febbre** (littéralement « prouver la fièvre ») signifie *prendre la température* : **Mi provo la febbre**, *Je prends ma température*.

Focus Verbes pronominaux et pronoms personnels avec l'impératif

Complétez avec la bonne combinaison verbe pronominal à l'impératif + pronom personnel.

1. Dobbiamo provare la febbre, ... il termometro!
   - **A** metti a te
   - **B** metti tu
   - **C** mettiti

2. C'è dell'altro tè, ... ancora!
   - **A** prendine
   - **B** prendila
   - **C** prendi lo

3. Il dottore ha ragione, ... ragazzi!
   - **A** ascoltatelo
   - **B** ascoltate lei
   - **C** si ascolti

4. La farmacia tra poco chiude, ... subito!
   - **A** andaci
   - **B** vai la
   - **C** vacci

5. Buongiorno signor Martelli, ... e ...!
   - **A** sedetevi/dicci
   - **B** si sieda/mi dica
   - **C** siediti/mi dica

6. Hai l'influenza, ... e ...!
   - **A** non alzarti/curati
   - **B** non alzate/curate
   - **C** non alzi/si curi

> **Astuce** Les pronoms personnels (sauf **gli**) redoublent leur consonne initiale quand ils fusionnent avec un impératif monosyllabique : **Dicci tutto**, *Dis-nous tout*.

Trouvez la bonne phrase où insérer le verbe à l'impératif indiqué.

Corrigé page 168

1. fallo
   - **A** Se ve lo ha detto il dottore, ...!
   - **B** Se ci tieni proprio, ...!

2. si sieda
   - **A** Le devo parlare, signor Gatti, ...!
   - **B** Devo dirvi una cosa, ...!

Module 14
LE BASI

3. Digli
   - **A** ... che deve stare a letto!
   - **B** ... che deve stare zitta!

4. prendimi
   - **A** Per favore, ... il termometro!
   - **B** Ecco, ... il termometro a Lea!

5. dalle
   - **A** Anna ha la tosse, ... lo sciroppo!
   - **B** Teo ha la tosse, ... lo sciroppo!

6. comprane
   - **A** Il tè è finito. Ragazzi ... dell'altro!
   - **B** Il tè è finito. Luca ... dell'altro!

7. dicci
   - **A** Signora, ... com'è andata!
   - **B** Lara, ... com'è andata!

8. Curiamoci
   - **A** Stiamo male? ...!
   - **B** Sta male signora? ...!

9. Non bagnarti
   - **A** ... che hai il raffreddore!
   - **B** ... che ho il raffreddore!

Astuce Le verbe **andare**, *aller*, est également utilisé pour indiquer l'état de santé (**Come va?**, *Comment ça va ?*) ou l'évaluation générale d'une situation (**Com'è andata?**, *Comment ça s'est passé ?*).

Focus Pronoms personnels et impératif négatif

Corrigé page 168

Choisissez la forme négative correspondant à la forme affirmative indiquée.

1. Va' dal medico!
   - **A** Non andare dal medico!
   - **B** Non va' dal medico!

2. Digli com'è andata!
   - **A** Non digli com'è andata!
   - **B** Non dirgli com'è andata!

Module 14
LE BASI

3. Da' la medicina al nonno!
   - **A** Non dai la medicina al nonno!
   - **B** Non dare la medicina al nonno!

4. Venga qui!
   - **A** Non venga qui!
   - **B** Non venite qui!

5. Va' a letto!
   - **A** Non andare a letto!
   - **B** Non va' a letto!

6. Andiamoci!
   - **A** Non ci vada!
   - **B** Non andiamoci!

7. Fatelo!
   - **A** Non fatelo!
   - **B** Non farlo!

Astuce L'impératif négatif de la deuxième personne du singulier étant un infinitif précédé de la conjonction **non**, les pronoms personnels compléments qui y sont associés s'y rattachent (**Voglio vederlo**, *Je veux le voir* ; **Non parlargli**, *Ne lui parle pas*).

Focus « Faux réfléchis » et formes pronominales impropres

Choisissez la phrase à la forme pronominale correspondant à celle non pronominale indiquée.

1. Ha soffiato il naso a se stesso.
   - **A** Il naso si è soffiatolo.
   - **B** Ha soffiatosi il naso.
   - **C** Si è soffiato il naso.

2. Lo stomaco faceva male a lei.
   - **A** Le faceva male lo stomaco.
   - **B** Lei facciole male lo stomaco.
   - **C** Lo stomaco facevagli male.

Corrigé page 168

Module 14
LE BASI

Corrigé page 168

3. Metto un cerotto a me stesso.

   A Mettomi un cerotto.

   B Un cerotto me metto.

   C Mi metto un cerotto.

4. Tu provi la febbre a te stesso?

   A La febbre te provi?

   B Ti provi la febbre?

   C Proviti la febbre?

5. Ho messo la sciarpa a me stesso.

   A Mi sono messo la sciarpa.

   B Ho messomi la sciarpa.

   C La sciarpa si è messami.

Focus Vocabulaire : la médecine

Trouvez le mot correspondant à chaque devinette.

1. Lo metto sotto il braccio quando sto male.

   A ombrello

   B giornale

   C termometro

2. Si fa con il naso nel fazzoletto, quando si ha il raffreddore.

   A si suona

   B si soffia

   C si mangia

3. Per curare la tosse.

   A sciroppo

   B freddo

   C termometro

Module 14
LE BASI

Corrigé page 168

4. Si compra con la ricetta.
   - **A** torta
   - **B** medicina
   - **C** salute

5. Arriva con l'influenza.
   - **A** febbre
   - **B** nonna
   - **C** farmacia

Remettez les syllabes dans le bon ordre et sélectionnez le mot correspondant.

1. DI-ME-CO
   - **A** comedi
   - **B** mecodi
   - **C** medico

2. CI-DI-ME-NA
   - **A** medicina
   - **B** namecidi
   - **C** dicimena

3. TA-RI-CET
   - **A** tacetri
   - **B** cetrita
   - **C** ricetta

4. SCI-PO-ROP
   - **A** sciroppo
   - **B** ropposci
   - **C** poropsci

5. DO-RE-RAF-FRED
   - **A** doredraffre
   - **B** reddoraffre
   - **C** raffreddore

Focus Exercice de traduction

Choisissez la bonne traduction en italien.

1. Asseyez-vous sur la table d'examen (« lit ») et tirez la langue.
   - **A** Siediti sul lettino e esci la sua lingua.
   - **B** Si sieda sul lettino e tiri fuori la lingua.
   - **C** Sedetevi sul lettino e tirate la lingua.

Module 14
LE BASI

2. Donnez-moi l'ordonnance pour avoir les médicaments.

   A Mi dia la ricetta per avere le medicine.

   B Dammi la ricetta per avere le mediche.

   C Datemi la ricette per avere le medicine.

   Corrigé page 168

3. Va tout de suite à la pharmacie et soigne-toi comme il faut.

   A Vai subito alla farmacia e cura come devi.

   B Va' subito in farmacia e curati come si deve.

   C Vada subito in farmacie e si curi come si deve.

4. Je tousse et je me mouche tout le temps.

   A Tosso e mi moccio sempre.

   B Tossivo e mi soffio sempre il naso.

   C Tossisco e mi soffio sempre il naso.

5. Achète ce sirop et prends-en une cuillerée trois fois par jour.

   A Compra questo sciroppo e prendilo un cucchiaio tre volte per giorno.

   B Compra questo sciroppo e prendine un cucchiaio tre volte al giorno.

   C Compri questo sciroppo e ne prende una cucchiaia tre volte al giorno.

Module 14
VOCABOLARIO E FRASI IDIOMATICHE

Verbes

Impératif des verbes réguliers :

parl**are** *parler*
parl**a** (forme nég. **non parlare**)
parl**i** (forme de politesse)
parl**iamo**
parl**ate**

prend**ere** *prendre*
prend**i** (**non prendere**)
prend**a**
prend**iamo**
prend**ete**

fin**ire** *finir*
fin-isc-**i** (**non finire**)
finisc**a**
fin**iamo**
fin**ite**

apr**ire** *ouvrir*
apr**i** (**non aprire**)
apr**a**
apr**iamo**
apr**ite**

Seule la forme négative de la deuxième personne du singulier est particulière ; pour les autres personnes, la forme affirmative est simplement précédée de **non** (**non parliamo** = *ne parlons pas*). L'impératif des verbes irréguliers est construit sur les racines des personnes correspondantes du présent de l'indicatif.

ascoltare	*écouter*
bagnare	*mouiller*
controllare	*contrôler*
curare	*soigner*
raccomandare	*recommander*
salutare	*saluer*
soffiare	*souffler*
soffiarsi il naso	*se moucher* (litt. : « se souffler le nez »)
tossire	*tousser*

Module 14
VOCABOLARIO E FRASI IDIOMATICHE

Noms et adjectifs

l'aspirina	*l'aspirine*
la bocca	*la bouche*
il caldo	*le chaud*
il cerotto	*le pansement*
il cucchiaio (m.)	*la cuillère*
il dente (m.)	*la dent*
il dentista	*le dentiste*
la farmacia	*la pharmacie*
il fazzoletto	*le mouchoir*
la febbre	*la fièvre*
fermo	*arrêté*
il freddo	*le froid*
il giornale	*le journal*
la gola	*la gorge*
l'influenza	*la grippe*
il lettino	*la table d'examen* (litt. « le lit »)
il letto	*le lit*
la lingua	*la langue*
il male	*le mal*
il mal di gola (di schiena, etc.)	*le mal de gorge (de dos, etc.)*
la minestra	*la soupe*
il naso	*le nez*
l'ombrello	*le parapluie*
la pancia (f.)	*le ventre*
il raffreddore	*le rhume*

Module 14
VOCABOLARIO E FRASI IDIOMATICHE

la ragione	*la raison*
la ricetta	*l'ordonnance*
la salute	*la santé*
la sciarpa	*l'écharpe*
la schiena (f.)	*le dos*
lo stomaco	*l'estomac*
il tè	*le thé*
il termometro	*le thermomètre*
la testa	*la tête*
la volta	*la fois*
zitto	*en silence*

Locutions / Phrases essentielles

come si deve	*comme il faut*
Mi fa male la testa (la gola, etc.).	*J'ai mal à la tête (à la gorge, etc.).*
mi raccomando	*je te (vous, etc.) recommande*
soffiarsi il naso	*se moucher*
tirare fuori	*sortir (quelque chose de quelque part)*
Tocca a lei (a me, a te, etc.).	*C'est à vous (à moi, à toi, etc.), C'est votre tour.*
tre volte al giorno (alla settimana, etc.)	*trois fois par jour (par semaine, etc.)*

Module 14
CORRIGÉ

Le basi

PAGES 157-158
Impératif
1 **B** 2 **A** 3 **C** 4 **A** 5 **B** 6 **A** 7 **A** 8 **C** 9 **B**
1 **B** 2 **A** 3 **C** 4 **C** 5 **A**
1 **C** 2 **D** 3 **A** 4 **B** 5 **B**

PAGE 159
Verbes pronominaux et pronoms personnels avec l'impératif
1 **C** 2 **A** 3 **A** 4 **C** 5 **B** 6 **A**
1 **B** 2 **A** 3 **A** 4 **A** 5 **A** 6 **B** 7 **B** 8 **A** 9 **A**

PAGE 160
Pronoms personnels et impératif négatif
1 **A** 2 **B** 3 **B** 4 **A** 5 **A** 6 **B** 7 **A**

PAGE 161
« Faux réfléchis » et formes pronominales impropres
1 **C** 2 **A** 3 **C** 4 **B** 5 **A**

PAGES 162-163
Vocabulaire : la médecine
1 **C** 2 **B** 3 **A** 4 **B** 5 **A**
1 **C** 2 **A** 3 **C** 4 **A** 5 **C**

PAGE 163
Exercice de traduction
1 **B** 2 **A** 3 **B** 4 **C** 5 **B**

Vous avez obtenu entre 0 et 15 ? Reprenez chaque question en regardant les endroits où vous avez fait des erreurs.

Vous avez obtenu entre 16 et 31 ? C'est très moyen, mais ne vous découragez pas.

Vous avez obtenu entre 32 et 49 ? Formidable ! Analysez les erreurs et, si besoin, révisez la ou les notions que vous ne maîtrisez pas complètement.

Vous avez obtenu 50 et plus ? Bravissimo!

Module 15
LE BASI

Focus Futur simple

Complétez avec la forme correcte du verbe au futur simple.

Corrigé page 181

1. Penso che (io) ... qui per molto tempo.
   - **A** lavorerai
   - **B** lavorato
   - **C** lavorerò

2. Allora (tu) ... un conto in una banca qui in città?
   - **A** aprirai
   - **B** apri
   - **C** aprivi

3. Certo, così mi ... lo stipendio sul conto corrente.
   - **A** accrediteranno
   - **B** accreditavano
   - **C** accreditanno

4. ... andare domattina nella banca più vicina a casa.
   - **A** Basterai
   - **B** Basterà
   - **C** Basterò

5. Inoltre ... subito il mio vecchio conto.
   - **A** chiudarò
   - **B** chiudero
   - **C** chiuderò

6. Ora che vivi qui ci ... spesso!
   - **A** incontreremo
   - **B** incontrevemo
   - **C** incontrerà

Astuce La préposition **per** correspond parfois à *pendant*, indiquant donc une durée : **Ho lavorato qui per molti anni**, *J'ai travaillé ici pendant de longues années*.

Focus Futur simple des verbes en *-care* et en *-gare*

Choisissez la bonne réponse pour chaque phrase indiquée.

1. Mi è caduto il modulo della banca in una pozzanghera!
   - **A** Ne scaricheremo un altro e lo stamperemo.
   - **B** Ne scariceremo un altro e lo stamperamo.
   - **C** Ne scaricaremo un altro e lo stamparemo.
   - **D** Ne scariciaremo un altro e lo stamperemo.

Module 15
LE BASI

2. Michele deve aprire un conto in una banca di qui.

   A Gli indicherremo la migliore che conosciamo.

   B Gli indicheremo la migliore che conosciamo.

   C Gli indicaremo la migliore che conosciamo.

   D Gli indicéremo la migliore che conosciamo.

3. Susanna oggi deve andare in banca per fare la carta di credito.

   A Impiegerà molto tempo perché c'è molta coda.

   B Impiegherà molto tempo perché c'è molta coda.

   C Impieghera molto tempo perché c'è molta coda.

   D Impiegaré molto tempo perché c'è molta coda.

4. Con il tuo conto, dovrai pagare una commissione per i prelievi?

   A Pagherò solo se preleverò in banche di un altro gruppo.

   B Paghero solo se prelevero in banche di un altro gruppo.

   C Pagerò solo se prelevrò in banche di un altro gruppo.

   D Pagarò solo se prelevarò in banche di un altro gruppo.

Astuce Pour garder le son [k] ou [g] présent dans la racine, les verbes en **-care** et en **-gare** prennent un **h** avant les désinences commençant par **-e** (exemple : **pagherò**, sans le **h**, se prononcerait [padjéro]).

Focus Futur simple des verbes irréguliers

Corrigé page 181

Choisissez la bonne réponse pour chaque phrase indiquée.

1. Cosa hai pensato di fare per il tuo conto corrente?

   A Domani andarò in banca e ne aprirò uno nuovo!

   B Domani andrò in banca e ne aprirò uno nuovo!

   C Domani vadrò in banca e ne aprirò uno nuovo!

Module 15
LE BASI

2. Vorrei aprire un nuovo conto, per favore.

   A Quando verra in agenzia le proporro di prendere anche la carta di credito.

   B Quando venerà in agenzia le propongherò di prendere anche la carta di credito.

   C Quando verrà in agenzia le proporrò di prendere anche la carta di credito.

3. Ti trovi bene con l'home banking, nonna?

   A Per ora no, ma mi dovrò abituare!

   B Per ora no, ma mi devrò abituare!

   C Per ora no, ma mi doverò abituare!

4. Hai fatto un bonifico?

   A No, gli darò i soldi in contanti.

   B No, gli darerò i soldi in contanti.

   C No, gli daterò i soldi in contanti.

5. Hai dimenticato il codice del bancomat?

   A Sì e così non poterò più prelevare!

   B Sì e così non posserò più prelevare!

   C Sì e così non potrò più prelevare!

Astuces • La locution **per ora** signifie *pour l'instant*. **Ora** est à la fois un nom (**l'ora**, *l'heure*) et un adverbe (*maintenant*). **Ora non voglio niente**, *Maintenant je ne veux rien* ; **Per ora non voglio niente**, *Pour le moment, je ne veux rien*.

• **Il bancomat** est à la fois la carte de retrait (avec laquelle on peut aussi effectuer des paiements dans les magasins) et le guichet automatique où l'on prélève l'argent à l'aide de cette même carte.

Module 15
LE BASI

Complétez avec la forme correcte du verbe au futur simple.

Corrigé page 181

1. Quest'anno ... molte spese.
   - **A** averemo
   - **B** avevamo
   - **C** avremo

2. Questa spesa si ... rateizzare.
   - **A** potrà
   - **B** poterà
   - **C** poterrà

3. ... questa somma sul suo conto.
   - **A** Verserò
   - **B** verserrò
   - **C** versarò

4. Il bancomat è fuori servizio, signora, ... domani.
   - **A** preleverete
   - **B** preleverà
   - **C** preleverrà

5. ... solo passare a firmare.
   - **A** Doverete
   - **B** Dovrete
   - **C** Doverai

6. Con l'home banking ... pochi minuti per fare un bonifico.
   - **A** metterai
   - **B** mettarai
   - **C** mettrai

7. Mi ... lei il giorno e l'orario dell'appuntamento?
   - **A** comunicherà
   - **B** comunicherai
   - **C** comunicerà

8. Paolo e Chiara ... di pagare il mutuo fra dieci anni.
   - **A** Finitrò
   - **B** Finiramo
   - **C** Finiranno

Focus La préposition *da* dans le sens de finalité

*Choisissez la bonne phrase où insérer la préposition **da**.*

1. da
   - **A** Porto in banca i documenti ... firmare.
   - **B** Vengo ... banca.
   - **C** Sono stato ... banca.

Module 15
LE BASI

2. da
   - **A** Oggi ho molte cose ... fare.
   - **B** Oggi vado a pranzo ... nonni.
   - **C** Oggi vengono ... trovarmi i miei cugini.

3. da
   - **A** Queste sono le bollette... mese di aprile.
   - **B** Queste è la bolletta ... gas.
   - **C** Queste sono tutte bollette... pagare.

4. da
   - **A** ... voi non dico niente.
   - **B** Lo dico solo ... te.
   - **C** Non ho molto ... dire.

5. da
   - **A** Questo è il conto corrente che fa ... lei.
   - **B** È questo il conto ... chiudere?
   - **C** Ho chiuso il conto ... signor Padovani.

Focus *Se* **+ futur**

Complétez chaque phrase avec la fin qui convient.

1. Se domani pioverà...
   - **A** ... siamo stati in banca.
   - **B** ... staremo in casa.

2. Se dopo avrai tempo...
   - **A** ... continuavi a lavorare.
   - **B** ... scaricheremo il modulo.

3. Se cambierà lavoro...
   - **A** ... avrà uno stipendio migliore.
   - **B** ... eserà senza stipendio.

Module 15
LE BASI

4. Se potrò, domattina ...
   - **A** ... non passarrò a firmare.
   - **B** ... passerò a firmare.

5. Se vorrà fare un versamento, signora, ...
   - **A** ... dovrà passare in banca.
   - **B** ... doverrà andare al lago.

6. Se domani aprirete alle otto, io e mia moglie ...
   - **A** ... verremo all'apertura.
   - **B** ... resteremo a letto.

7. Se verrete alle otto ...
   - **A** ... esserete gli ultimi.
   - **B** ... sarete i primi.

Focus Vocabulaire : la banque

Trouvez le mot correspondant à chaque devinette.

1. Arriva se lavori.
   - **A** il postino
   - **B** la multa
   - **C** lo stipendio

2. Distribuisce denaro.
   - **A** il portafoglio
   - **B** il bancomat
   - **C** la bolletta

3. Serve per fare un pagamento.
   - **A** il prelievo
   - **B** gli occhiali
   - **C** il bonifico

4. Sta alla fine di un documento.
   - **A** la firma
   - **B** il bancomat
   - **C** la banca

5. Si pagano per la luce e il gas.
   - **A** le banche
   - **B** le bollette
   - **C** i documenti

Focus Vocabulaire : les verbes

Choisissez le verbe correspondant à chaque devinette.

1. Mettere denaro.
   - **A** portare
   - **B** versare
   - **C** prelevare

Module 15
LE BASI

2. Ritirare denaro.
   - **A** prelevare
   - **B** accreditare
   - **C** spendere

3. Scrivere il proprio nome e cognome.
   - **A** comunicare
   - **B** telefonare
   - **C** firmare

4. Dare denaro per qualcosa.
   - **A** pagare
   - **B** guadagnare
   - **C** prelevare

5. Versare denaro sul conto corrente.
   - **A** spendere
   - **B** accreditare
   - **C** pagare

6. Usare il proprio denaro.
   - **A** spendere
   - **B** guadagnare
   - **C** prendere

> **Astuce** **Proprio** est un adjectif possessif de la troisième personne du singulier et du pluriel ayant une valeur réfléchie : **Ognuno ha i propri problemi**, *Chacun a ses problèmes* ; **Tutti hanno i propri problemi**, *Tout le monde a ses problèmes*.

Focus **Exercice de traduction**

Choisissez la bonne traduction en italien.

Corrigé page 181

1. Vous téléchargerez sur le site de la banque tous les documents à signer.
   - **A** Scaricerà sul sito della banca tutti i documenti a firmare.
   - **B** Scaricherà sul sito della banca tutti i documenti da firmare.
   - **C** Scaricherete sul sito della banca tutti i documenti per firmare.

2. Votre employeur versera votre salaire sur votre compte par virement.
   - **A** Il suo datore di lavoro verserà il suo stipendio sul suo conto tramite bonifico.
   - **B** Il vostro impiegatore pagherà il suo stipendio sul suo conto tramite versamento.
   - **C** Il tuo datore di lavoro verserà il suo stipendio sul tuo conto da bonifico.

Module 15
LE BASI

3. Nous vous ferons une carte de crédit avec débit différé (le mois suivant).

   A Vi faremo una carte di credito con accredito il mese seguente.

   B Le faremo una carta di credito con addebito il mese successivo.

   C Le faremmo una carta di credito con addebito il mese scorso.

4. Si vous avez des factures à payer, vous pourrez le faire par le compte en ligne.

   A Se abbiate delle bollette a pagare, potrete fare lo tramite l'home banking.

   B Se avrà delle bollette a pagare, potrà lo fare da home banking.

   C Se avrà delle bollette da pagare, potrà farlo tramite l'home banking.

5. Vous devrez communiquer vos coordonnées bancaires aux différents fournisseurs pour payer l'électricité, le gaz, l'eau et le téléphone.

   A Devrà communicare il suo IBAN ai vari fornissori per paguare elettricità, gaz, acqua e telefono.

   B Dovrà communicare il suo IBAN ai differenti fornitori per pagare elettricità, gas, acqua e telefono.

   C Dovrà comunicare il suo IBAN ai vari fornitori per pagare luce, gas, acqua e telefono.

Corrigé page 181

Module 15
VOCABOLARIO E FRASI IDIOMATICHE

Verbes

Futur simple des verbes réguliers :

parl**are** *parler*
(io) parl-**er-ò** *je parlerai*
(tu) parler**ai** *tu parleras*
(lui, lei, si) parler**à**
il, elle, on parlera
(noi) parler**emo** *nous parlerons*
(voi) parler**ete** *vous parlerez*
(loro) parler**anno** *ils, elles parleront*

prend**ere** *prendre*
(io) prend-**er-ò** *je prendrai*
(tu) prender**ai** *tu prendras*
(lui, lei, si) prender**à**
ils, elle, on prendra
(noi) prender**emo** *nous prendrons*
(voi) prender**ete** *vous prendrez*
(loro) prender**anno** *ils, elles prendront*

fin**ire** *finir*
(io) fin-**ir-ò** *je finirai*
(tu) finir**ai** *tu finiras*
(lui, lei, si) finir**à** *il, elle, on finira*
(noi) finir**emo** *nous finirons*
(voi) finir**ete** *vous finirez*
(loro) finir**anno** *ils, elles finiront*

Futur simple des verbes irréguliers (avec désinences régulières) :

andare – andrò ; avere – avrò ; dare – darò ; essere – sarò ; fare – farò ; stare – starò ; bere – berrò ; dovere – dovrò ; potere – potrò ; proporre – proporrò ; rimanere – rimarrò ; sapere – saprò ; tenere – terrò ; vedere – vedrò ; vivere – vivrò ; volere – vorrò ; venire – verrò

abituare	*habituer*
accreditare	*créditer*
bastare	*suffire*
comunicare	*communiquer*
distribuire	*distribuer*
firmare	*signer*
guadagnare	*gagner*
impiegare	*employer, mettre du temps*

Module 15
VOCABOLARIO E FRASI IDIOMATICHE

indicare	*indiquer*
pagare	*payer*
prelevare	*prélever*
rateizzare	*étaler* (un paiement)
scaricare	*télécharger*
spendere	*dépenser*
stampare	*imprimer*
telefonare	*téléphoner*
usare	*utiliser*
versare	*verser* (créditer)

Noms et adjectifs

l'accredito	*le crédit*
l'acqua	*l'eau*
l'addebito	*le débit*
l'agenzia	*l'agence*
l'apertura	*l'ouverture*
l'appuntamento	*le rendez-vous*
la banca	*la banque*
la bolletta	*la facture*
il bonifico	*le virement*
la carta di credito	*la carte de crédit*
la coda	*la queue*
il codice	*le code* (pin)
il cognome	*le nom de famille*
la commissione (f.)	*le frais*

Module 15
VOCABOLARIO E FRASI IDIOMATICHE

i contanti	*les espèces*
il conto	*le compte*
il conto corrente	*le compte courant*
il datore di lavoro	*l'employeur*
il denaro	*l'argent*
il documento	*le document, le papier*
la fine	*la fin*
la firma	*la signature*
il fornitore	*le fournisseur*
il gas	*le gaz*
il gruppo	*le groupe*
l'home banking (anglais)	*le compte en ligne*
il lago	*le lac*
la luce	*la lumière, l'électricité*
il minuto (m.)	*la minute*
il modulo	*le formulaire*
la multa	*la contravention*
il mutuo	*le crédit immobilier*
il nome	*le prénom*
gli occhiali (m.)	*les lunettes*
l'orario	*l'horaire*
il pagamento	*le paiement*
il portafoglio	*le portefeuille*
il postino	*le facteur*
la pozzanghera	*la flaque d'eau*
il prelievo	*le retrait*

Module 15
VOCABOLARIO E FRASI IDIOMATICHE

proprio	*son propre*
seguente	*suivant*
scorso	*dernier* (sens temporel)
il sito	*le site*
i soldi (pl.)	*l'argent* (litt. « les sous »)
la somma (f.)	*le montant*
la spesa	*la dépense*
lo stipendio	*le salaire*
successivo	*suivant*
il telefono	*le téléphone*
ultimo	*dernier*

Adverbes et locutions

fuori servizio	*hors service*
inoltre	*en outre*
niente	*rien*
ora	*maintenant*
per ora	*pour l'instant*
qualcosa	*quelque chose*
tramite	*par, au moyen de*

Module 15
CORRIGÉ

Le basi

PAGE 169
Futur simple
1 **C** 2 **A** 3 **A** 4 **B** 5 **C** 6 **A**

PAGE 169
Futur simple des verbes en **-care** et en **-gare**
1 **A** 2 **B** 3 **B** 4 **A**

PAGES 170-172
Futur simple des verbes irréguliers
1 **B** 2 **C** 3 **A** 4 **A** 5 **C**
1 **C** 2 **A** 3 **A** 4 **B** 5 **B** 6 **A** 7 **A** 8 **C**

PAGE 172
La préposition **da** dans le sens de finalité
1 **A** 2 **A** 3 **C** 4 **C** 5 **B**

PAGE 173
Se + futur
1 **B** 2 **B** 3 **A** 4 **B** 5 **A** 6 **A** 7 **B**

PAGE 174
Vocabulaire : la banque
1 **C** 2 **B** 3 **C** 4 **A** 5 **B**

PAGE 174
Vocabulaire : les verbes
1 **B** 2 **A** 3 **C** 4 **A** 5 **B** 6 **A**

PAGE 175
Exercice de traduction
1 **B** 2 **A** 3 **B** 4 **C** 5 **C**

Vous avez obtenu entre 0 et 12 ? Reprenez chaque question en regardant les endroits où vous avez fait des erreurs.

Vous avez obtenu entre 13 et 28 ? C'est très moyen, mais ne vous découragez pas.

Vous avez obtenu entre 29 et 44 ? Formidable ! Analysez les erreurs et, si besoin, révisez la ou les notions que vous ne maîtrisez pas complètement.

Vous avez obtenu 45 et plus ? Bravissimo!

Module 16
LE BASI

Focus Futur imminent

Choisissez la phrase au futur imminent correspondant à celle donnée au présent ou au passé.

1. Adesso il pacco parte.
   - **A** Il pacco è partito.
   - **B** Il pacco sta per partire.

2. In quel preciso momento l'impiegata spediva il pacco.
   - **A** L'impiegata stava per spedire il pacco.
   - **B** L'impiegata spedirà il pacco.

3. Adesso invio una mail di reclamo.
   - **A** Sto per inviare una mail di reclamo.
   - **B** Ho inviato una mail di reclamo.

4. Ora inoltriamo il reclamo al direttore.
   - **A** Dopodomani inoltreremo il reclamo al direttore.
   - **B** Stiamo per inoltrare il reclamo al direttore.

5. Adesso spediscono una raccomandata.
   - **A** Domani spediranno una raccomandata.
   - **B** Stanno per spedire una raccomandata.

6. Ora sbaglia l'indirizzo.
   - **A** Sta per sbagliare l'indirizzo.
   - **B** Sbagliava spesso l'indirizzo.

7. Adesso metto il timbro.
   - **A** Ho messo il timbro.
   - **B** Sto per mettere il timbro.

8. Ora verificano l'indirizzo.
   - **A** Stanno per verificare l'indirizzo.
   - **B** In seguito verificheranno l'indirizzo.

Module 16
LE BASI

> **Astuces** • Le futur imminent est exprimé aussi bien par **stare per** + infinitif que par le présent de l'indicatif précédé par des adverbes tels que **adesso**, **ora** ou suivi de **subito**, **immediatamente**, etc. : **Adesso arrivo**, **Sto per arrivare**, **Arrivo subito**, *Je vais arriver (tout de suite)*. Le futur imminent peut se situer également dans le passé, avec **stare** conjugué à un temps passé : **Stava per partire**, *Il allait partir*.
> • Les verbes **sbagliare**, *se tromper*, et **cambiare**, *changer*, sont suivi d'un C.O.D. : **Ho sbagliato strada**, *Je me suis trompé [de] route* ; **Ho cambiato lavoro**, *J'ai changé [de] travail* ; **Ha cambiato idea**, *Il a changé [d']avis*.

Trouvez la mauvaise réponse (les deux autres sont bien au futur imminent).

1. Sei andato in posta?
   - **A** Sto per andarci.
   - **B** Adesso ci vado.
   - **C** Ci andavo sempre.

2. Hanno già recapitato il pacco al tuo indirizzo?
   - **A** Ora lo recapitano.
   - **B** Lo recapiteranno l'anno prossimo.
   - **C** Stanno per recapitarlo.

3. Ambra, hai spedito quella mail?
   - **A** La spedirò ieri.
   - **B** Sto per spedirla.
   - **C** Ora la spedisco.

4. Il pacco era già partito quando hai cambiato idea?
   - **A** Stava per partire.
   - **B** Partiranno domani.
   - **C** In quel momento partiva.

Corrigé page 193

> **Module 16**
> LE BASI

5. Hai messo il francobollo sulla lettera?

   A Lo incolli lei!

   B Adesso lo incollo.

   C Sto per incollarlo.

Corrigé page 193

> **Astuce** Avant un mot indiquant certains lieux très familiers, où l'on va par habitude et que l'interlocuteur connaît bien aussi, on met la préposition **in** sans article : **Vado in posta**, **in centro, in chiesa**, *Je vais à la poste, au centre-ville, à l'église*. Certains mots analogues sont toutefois précédés par **a** : **Vado a scuola, a letto**, *Je vais à l'école, au lit*.

Focus Pronoms personnels groupés

Choisissez la phrase où les pronoms correspondent bien aux C.O.D. et CO.I. des phrases données.

1. Leggo a mia sorella le istruzioni per compilare il modulo.

   A Gliele leggo.

   B Ce le leggo.

   C Gliela leggo.

2. Avete mandato una raccomandata a noi.

   A Ce li avete mandati.

   B Ve l'avete mandata.

   C Ce l'avete mandata.

3. Verseranno lo stipendio agli impiegati.

   A Glielo verseranno.

   B Glieli verseranno.

   C Ce lo verseranno.

4. Parliamo a voi di questo problema.

   A Ve lo parliamo.

   B Ve ne parliamo.

   C Gliene parliamo.

Module 16
LE BASI

5. Deve mettere lei il timbro sul modulo.

    A Deve mettercelo lei.

    B Deve mettergliela lei.

    C Deve mettercene lei.

Astuce Quand l'adverbe de lieu **ci**, *y* s'associe aux pronoms formant un pronom groupé, il devient **ce** : **Ce li accompagnerò**, *Je les y accompagnerai*.

Choisissez la bonne réponse pour chaque question posée.

Corrigé page 193

1. Scusi, ci ha dato i documenti?

    A Sì, ve li ho dati.   **B** Sì, ce li ho dati.

2. Le hai comunicato il destinatario?

    A Sì, gliene ho comunicato.   **B** Sì, gliel'ho comunicato.

3. Ti hanno chiesto il mittente?

    A Sì, me lo hanno chiesto.   **B** Sì, melo hanno chiesto.

4. Ti devono arrivare ancora bollette questo mese?

    A Sì, me ne devono arrivare un paio.   **B** Sì, me le devono arrivare un paio.

5. Ci dici quando arriva il corriere?

    A Sì, vela dico.   **B** Sì, ve lo dico.

6. Mi dai ancora posta da spedire?

    A Sì, te ne do ancora.   **B** Sì, gliene do ancora.

Focus *C'è, ci sono*, il y a, au passé composé

Choisissez la phrase au passé composé correspondant à celle donnée au présent.

1. C'è un ritardo nella spedizione.

    A C'è stato un ritardo nella spedizione.

    B Ha stato un ritardo nella spedizione.

    C C'è un ritardo nella spedizione stato.

Module 16
LE BASI

2. Ci sono molti clienti.
   - A C'è stato molti clienti.
   - B Ci sono stati molti clienti.
   - C Ci è stati molti clienti.

   Corrigé page 193

3. C'è brutto tempo.
   - A C'è stato brutto tempo.
   - B Ci erano stato brutto tempo.
   - C Ci brutto tempo era stato.

4. C'è un errore.
   - A C'è sono un errore.
   - B Ci sono stato un errore.
   - C C'è stato un errore.

5. Ci sono dei problemi.
   - A Ci è stati dei problemi.
   - B Ci sono stati dei problemi.
   - C C'è stato dei problemi.

Focus Pronoms personnels atones associés à l'adverbe *ecco*

Choisissez la bonne réponse pour chaque phrase indiquée.

1. Sto aspettando l'impiegato per fare un reclamo!
   - A Eccovi!
   - B Eccolo!
   - C Eccoci!

2. Non riesco a trovare le buste!
   - A Eccole!
   - B Eccomi!
   - C Eccolo!

3. Hai visto i miei occhiali?
   - A Eccoti!
   - B Eccoli!
   - C Eccomi!

Module 16
LE BASI

4. Arrivi sì o no?
   - **A** Eccomi!
   - **B** Eccovi!
   - **C** Eccola!

5. Ho perso la penna!
   - **A** Eccoli!
   - **B** Eccomi!
   - **C** Eccola!

6. Dove siete?
   - **A** Eccoci!
   - **B** Eccolo!
   - **C** Eccola!

Focus Féminins particuliers

Choisissez la phrase au féminin correspondant à celle donnée au masculin.

1. L'ho comunicato al collega.
   - **A** L'ho comunicato alla collega.
   - **B** L'ho comunicato alla colleghessa.
   - **C** L'ho comunicato alla collegata.

2. Ci ha telefonato un giornalista.
   - **A** Ci ha telefonato una giornalaia.
   - **B** Ci ha telefonato una giornalessa.
   - **C** Ci ha telefonato una giornalista.

3. Deve andare dal fisioterapista.
   - **A** Deve andare dalla fisioterapista.
   - **B** Deve andare dalla fisioterapia.
   - **C** Deve andare dalla fisioterapistessa.

4. Luca sta per andare dal dentista.
   - **A** Luca sta per andare dalla dentasta.
   - **B** Luca sta per andare dalla dentista.
   - **C** Luca sta per andare dalla dentistona.

Module 16
LE BASI

5. Ho portato Simone dal pediatra.
   - **A** Ho portato Simone dalla pediatria.
   - **B** Ho portato Simone dalla pediatrice.
   - **C** Ho portato Simone dalla pediatra.

Focus — Vocabulaire : le bureau de poste, le courrier

Trouvez le mot correspondant à chaque devinette.

1. Lo faccio se non sono soddisfatto.
   - **A** il reclamo
   - **B** il francobollo
   - **C** la multa

2. Lo compilo...
   - **A** il computer
   - **B** il modulo
   - **C** il collega

3. Suona il campanello.
   - **A** l'impiegato
   - **B** il postino
   - **C** il pacco

4. Mette il timbro.
   - **A** lo sportello
   - **B** il reclamo
   - **C** l'impiegato

5. Ci scrivo sopra il destinatario.
   - **A** il tavolo
   - **B** l'impiegato
   - **C** la busta

6. Chi spedisce la lettera o il pacco.
   - **A** il postino
   - **B** il destinatario
   - **C** il mittente

Focus — Exercices de traduction

Choisissez la bonne traduction en italien.

1. Mon collègue arrive dans deux minutes au guichet 11.
   - **A** In un paio di minuti il mio colleghe arriva allo sportello undici.
   - **B** Fra un paio di minuti il mio collega arriva allo sportello undici.
   - **C** Fra due minuti il mio collego arriva allo sportello unze.

Module 16
LE BASI

2. Je dois envoyer deux lettres à l'étranger.

   A Devo spedare due lettere allo strano.

   B Devo spedire una paia di lettere allo straniero.

   C Devo spedire un paio di lettere all'estero.

3. Je dois acheter les timbres et les coller moi-même ?

   A Devo comprare i franchibolli e incollarceli io?

   B Devo comprare i timbri e incollarcili io?

   C Devo comprare i francobolli e incollarceli io?

4. Non, nous mettons un cachet et elles partent tout de suite.

   A No, ci mettiamo un timbro noi e partono subito.

   B No, ce mettiamo un timbro noi e parte subito.

   C No, ci lo mettiamo un tampone noi e partono subito.

5. Remplissez ce formulaire et dans deux jours nous pourrons vous donner une réponse.

   A Compila questo modulo e fra due giorni potremo darvi una risposta.

   B Compilate questo formulo e in due giorni potremo darvi una risposta.

   C Compili questo modulo e fra due giorni potremo darle una risposta.

6. Madame, n'oubliez pas votre reçu !

   A Signora, non dimenticare il vostro ricevuto!

   B Signora, non dimentica la sua ricevuta!

   C Signora, non dimentichi la sua ricevuta!

Corrigé page 193

Astuce L'expression **un paio**, *une paire*, est utilisée souvent à la place de **due**, *deux*, et aussi pour indiquer génériquement une petite quantité : **Torno tra un paio di minuti**, *Je reviens dans deux minutes*.

Module 16
LE BASI

Choisissez la bonne traduction en italien.

1. Il ne me l'a pas apportée.
   - **A** Non mi l'ha portata.
   - **B** Non me l'ha portato.
   - **C** Non me l'ha portata.

2. Carla le lui a dit mais il ne l'a pas écoutée.
   - **A** Carla gliel'ha detto ma lui non l'ha ascoltata.
   - **B** Carla gliel'ha detta ma lui non l'ha ascoltata.
   - **C** Carla gliel'ha detto ma lui non l'ha ascoltato.

3. Ils ne nous l'ont pas raconté ainsi.
   - **A** Non ce l'hanno raccontato così.
   - **B** Non ci l'hanno raccontato così.
   - **C** Non ce l'ha raccontato così.

4. Te voilà enfin !
   - **A** Ti ecco infine!
   - **B** Eccote finalmente!
   - **C** Eccoti finalmente!

5. Monsieur, je vous assure que nous vous l'enverrons demain.
   - **A** Signore, vi assicuro che vi lo spediremo domani.
   - **B** Signore, vi assicuro che ve lo spediramo domani.
   - **C** Signore, le assicuro che glielo spediremo domani.

Module 16
VOCABOLARIO E FRASI IDIOMATICHE

Verbes

assicurare	*assurer*
cambiare	*changer*
compilare	*remplir* (un formulaire)
incollare	*coller*
inoltrare	*envoyer, transmettre*
inviare	*envoyer*
mandare	*envoyer*
perdere (part. passé perso)	*perdre*
recapitare	*remettre* (un courrier)
riuscire	*réussir, arriver (à faire quelque chose)*
sbagliare	*se tromper*
spedire	*expédier, envoyer*
suonare	*sonner*
verificare	*vérifier, contrôler*

Noms et adjectifs

la busta	*l'enveloppe*
il campanello (m.)	*la sonnette*
il/la collega	*le/la collègue*
il corriere	*le transporteur*
il/la dentista	*le/la dentiste*
il destinatario	*le destinataire*
l'errore (m.)	*l'erreur*
l'estero	*l'étranger* (lieu)
il/la fisioterapista	*le/la kinésithérapeute*
il francobollo	*le timbre*
il/la giornalista	*le/la journaliste*
l'idea	*l'idée*
l'impiegato	*l'employé*
l'indirizzo (m.)	*l'adresse*

Module 16
VOCABOLARIO E FRASI IDIOMATICHE

l'istruzione	*l'instruction*
la lettera	*la lettre*
la mail (f.)	*le mail*
il mittente	*l'expéditeur*
il momento	*le moment*
il pacco	*le colis*
il/la pediatra	*le/la pédiatre*
la penna (f.)	*le stylo*
la posta	*la poste, le courrier*
la raccomandata (f.)	*le recommandé*
il reclamo (m.)	*la réclamation*
la ricevuta (f.)	*le reçu*
il ritardo	*le retard*
soddisfatto	*satisfait*
la spedizione (f.)	*l'envoi*
lo sportello	*le guichet*
il timbro	*le cachet, le tampon*

Adverbes

adesso	*maintenant*
dopodomani	*après demain*
ecco	*voici, voilà*
in quel preciso momento	*en ce moment précis*
ora	*maintenant*

Module 16
CORRIGÉ

Le basi

VOTRE SCORE :

PAGES 182-183
Futur imminent
1 **B** 2 **A** 3 **A** 4 **B** 5 **B** 6 **A** 7 **B** 8 **A**
1 **C** 2 **B** 3 **A** 4 **B** 5 **A**

PAGES 184-185
Pronoms personnels groupés
1 **A** 2 **C** 3 **A** 4 **B** 5 **A**
1 **A** 2 **B** 3 **A** 4 **A** 5 **B** 6 **A**

PAGE 185
C'è, **ci sono**, *il y a*, au passé composé
1 **A** 2 **B** 3 **A** 4 **C** 5 **B**

PAGE 186
Pronoms personnels atones associés à l'adverbe **ecco**
1 **B** 2 **A** 3 **B** 4 **A** 5 **C** 6 **A**

PAGE 187
Féminins particuliers
1 **A** 2 **C** 3 **A** 4 **B** 5 **C**

PAGE 188
Vocabulaire : le bureau de poste, le courrier
1 **A** 2 **B** 3 **B** 4 **C** 5 **C** 6 **C**

PAGES 188-189
Exercice de traduction
1 **B** 2 **C** 3 **C** 4 **A** 5 **C** 6 **C**
1 **C** 2 **A** 3 **A** 4 **C** 5 **C**

Vous avez obtenu entre 0 et 14 ? Reprenez chaque question en regardant les endroits où vous avez fait des erreurs.

Vous avez obtenu entre 15 et 30 ? C'est très moyen, mais ne vous découragez pas.

Vous avez obtenu entre 31 et 46 ? Formidable ! Analysez les erreurs et, si besoin, révisez la ou les notions que vous ne maîtrisez pas complètement.

Vous avez obtenu 47 et plus ? Bravissimo!

Module 17
LE BASI

Focus Futur antérieur

Choisissez la bonne réponse pour chaque question posée.

Corrigé page 204

1. Buongiorno, questo è il suo curricolo?

   A Sì, ma quando avevo finito l'università avrò anche la laurea.

   B Sì, ma quando ho finito l'università avevo anche la laurea.

   C Sì, ma quando avrò finito l'università avrò anche la laurea.

2. Andrea ha preso qualche appuntamento per un colloquio di lavoro?

   A Quando avrà consultato tutti gli annunci lo farà.

   B Quando ha consultato tutti gli annunci lo farà.

   C Quando consultano tutti gli annunci lo fa.

3. Hai comprato la macchina nuova?

   A No, la comprerò quando sarò stato assunto.

   B No, la comprerò quando sono stato assunto.

   C No, la compravo quando ero assunto.

4. Il posto è a tempo indeterminato?

   A Lo diventerà quando lei sarà fatto il periodo di prova.

   B Lo diventerà quando lei avrà fatto il periodo di prova.

   C Lo diventava quando lei aveva fatto il periodo di prova.

5. Ti piace il tuo nuovo lavoro?

   A Quando ho visto come si lavora in quella ditta te lo dicono.

   B Quando avrò visto come si lavora in quella ditta te lo dirò.

   C Quando sono visto come si lavora in quella ditta te lo dirò.

Astuce **La laurea** est le nom générique d'un diplôme de fin de cursus universitaire, qu'il s'agisse d'une licence (**laurea triennale**, de trois ans) ou d'une maîtrise (**laurea quinquennale**, de cinq ans). Cependant, dans l'usage courant, on appelle la licence **la laurea** et la maîtrise **la magistrale**.

Module 17
LE BASI

Complétez avec la bonne forme du verbe au futur antérieur.

Corrigé page 204

1. Quando ... carriera il nostro stipendio aumenterà.
   - A saremo fatti
   - B avremo fatto
   - C fanno

2. L'azienda sarà al completo quando ... venti impiegati.
   - A avrà assunto
   - B ha assunto
   - C è assunta

3. Il curriculum vitae sarà completo quando ... i vostri titoli di studio.
   - A avrete inserito
   - B sarete inseriti
   - C erano inserito

4. Il posto sarà a tempo determinato finchè non ... lo stage di prova.
   - A concludeva
   - B avrà concluso
   - C ho concludato

5. Quando ... al colloquio, sapremo qualcosa di quel lavoro.
   - A saremo stati
   - B avremo stato
   - C sono stato

6. Quando ... tutti gli annunci prenderai degli appuntamenti.
   - A sarai letto
   - B sei letto
   - C avrai letto

7. Cercherò un lavoro quando ... l'università.
   - A avrò finisciato
   - B sarò finito
   - C avrò finito

8. Aprirai un conto bancario quando ... a lavorare.
   - A avrai iniziato
   - B avevi iniziato
   - C sei iniziato

Focus Futur « hypothétique »

Choisissez la phrase au futur « hypothétique » correspondant au sens de la phrase donnée.

1. A quest'ora forse lavorano.
   - A A quest'ora lavoreranno.
   - B A quest'ora lavorano.

2. Forse è già arrivato in azienda.
   - A Sta per andare in azienda.
   - B Sarà già arrivato in azienda.

3. Forse li hanno assunti.
   - A Li assumeremo.
   - B Li avranno assunti.

Module 17
LE BASI

4. Forse è un posto fisso.
   - **A** Sarà un posto fisso.
   - **B** Sarà stato un posto fisso.

5. Forse sono le sette.
   - **A** Saranno le sette.
   - **B** Avranno le sette.

Choisissez la bonne réponse pour chaque question posée.

1. Perché non l'hanno assunto?
   - **A** Non so, non avrà avuto i titoli di studio!
   - **B** Non so, sarà andato in ufficio!
   - **C** Non so, saranno le cinque!

Corrigé page 204

2. Dov'è andata Elisa?
   - **A** Non so, non avrà avuto la laurea!
   - **B** Non so, non avrà capito!
   - **C** Non so, sarà andata a quel colloquio di lavoro!

3. In quanti eravate al colloquio?
   - **A** Non so, saremo stati in una decina.
   - **B** Non so, saranno state le tre!
   - **C** Non so, sarà uscito!

4. A che ora arrivi?
   - **A** Non so, saranno stati in cinque!
   - **B** Non so, arriverò alle sei!
   - **C** Non so, parleranno di lavoro!

5. Perché lo sportello era chiuso?
   - **A** Non so, l'impiegato avrà avuto dei problemi!
   - **B** Non so, sarà stanco!
   - **C** Non so, sarà stata mezzanotte!

Module 17
LE BASI

Focus — Pronoms groupés associés à un verbe à l'impératif, à l'infinitif ou au gérondif

Choisissez la phrase contenant les pronoms groupés correspondant aux compléments de la phrase donnée.

1. Portate a me quei documenti!
   - **A** Portate li me!
   - **B** Portatelimi!
   - **C** Portatemeli!

2. Non possiamo chiedere questa informazione a voi.
   - **A** Non possiamo chiedervela.
   - **B** Non possiamo chiedere vela.
   - **C** Non possiamo chiederlavi.

3. Voglio parlare a lei di questo problema.
   - **A** Voglio parlarnele.
   - **B** Voglio parlargliene.
   - **C** Voglio parlargliele.

4. Sto per inviare questa mail a te.
   - **A** Sto per inviarti la.
   - **B** Sto per inviarlate.
   - **C** Sto per inviartela.

5. Dicendo questo fatto a noi si è sentito meglio.
   - **A** Dicendocelo si è sentito meglio.
   - **B** Dicendoglielo si è sentito meglio.
   - **C** Dicendoloci si è sentito meglio.

Module 17
LE BASI

Choisissez la phrase au pluriel correspondant à celle donnée au singulier.

1. Preparamelo!
   - **A** Me lo preparate!
   - **B** Preparatemelo!
   - **C** Preparate melo!

2. Dimmelo!
   - **A** Dimmetelo!
   - **B** Ditemelo!
   - **C** Diretemelo!

3. Prestamela!
   - **A** Prestatemela!
   - **B** Prestatelame!
   - **C** Prestarelami!

4. Vattene!
   - **A** Vandatene!
   - **B** Vattatene!
   - **C** Andatevene!

5. Compilamelo!
   - **A** Compilatelimi!
   - **B** Compilatemelo!
   - **C** Compila melo!

Focus — Emplois idiomatiques du verbe *fare*

Complétez chaque phrase avec la fin qui convient.

Corrigé page 204

1. Questo lavoro …
   - **A** …non fa per lei.
   - **B** … ha fatto uno stage.

2. Questi soldi …
   - **A** … mi fanno comodo.
   - **B** … fanno progressi.

3. Quell'ambiente di lavoro …
   - **A** … fa bel tempo.
   - **B** … non fa al caso tuo.

4. Un giorno di ferie …
   - **A** … ci farà bene.
   - **B** … avremo fatto un giro.

5. Quel posto a tempo indeterminato …
   - **A** … le faceva voglia.
   - **B** … le ha fatto una domanda.

6. Lavorare troppo …
   - **A** … fa una bella dormita.
   - **B** … fa male.

Module 17
LE BASI

7. Siamo in ritardo, ...
   - **A** ... facciamo una torta.
   - **B** ... fate presto!

8. Alzati, altrimenti ...
   - **A** ... farai tardi al colloquio.
   - **B** ... farò un discorso.

Focus Vocabulaire : le travail, l'entretien d'embauche

Trouvez le mot correspondant à chaque définition.

1. Documento che presenta il proprio percorso di studio e di lavoro.
   - **A** bolletta
   - **B** curriculum vitae
   - **C** modulo

2. Comunicazione di un'offerta di lavoro.
   - **A** indirizzo
   - **B** lettera
   - **C** annuncio

3. Un periodo di riposo dal lavoro.
   - **A** poltrona
   - **B** caffè
   - **C** ferie

4. Incontro per scambio di informazioni reciproche.
   - **A** curriculum
   - **B** colloquio
   - **C** party

5. Inizio di un rapporto di lavoro.
   - **A** assunzione
   - **B** matrimonio
   - **C** ferie

Trouvez le mot qui ne correspond PAS à la définition donnée.

Corrigé page 204

1. Posto di lavoro a tempo determinato.
   - **A** in prova
   - **B** temporaneo
   - **C** fisso

2. Colloquio di lavoro.
   - **A** passeggiata
   - **B** curricolo
   - **C** conversazione

3. Carriera lavorativa.
   - **A** contratto
   - **B** vetrina
   - **C** stipendio

4. Azienda.
   - **A** impiegati
   - **B** stagione
   - **C** direttore

Module 17
LE BASI

Focus Exercice de traduction

Choisissez la bonne traduction en italien.

1. Si ce travail ne vous correspond pas, il faut le leur dire tout de suite.
   - **A** Se quel lavoro non fa per lei, bisogna dirglielo subito.
   - **B** Se quel lavoro non ti fa, bisogna dirlo subito.
   - **C** Se quel lavoro non fa per tu, bisogna dirglielo subito.

2. Une augmentation de salaire, ça arrange toujours.
   - **A** Un'aumentazione di stipendio fa bello sempre.
   - **B** Un aumento di stipendio fa sempre comodo.
   - **C** Un aumento di salario fai sempre comodo.

3. Quand vous aurez fait votre période d'essai, vous pourrez passer à un CDI.
   - **A** Quando farà il suo periodo di prove, potrete passare a tempo indeterminato.
   - **B** Quando avrà fatto il suo periodo di prova, potrai passare a tempo indeterminato.
   - **C** Quando avrà fatto il periodo di prova, potrà passare a tempo indeterminato.

4. Si ça vous fait plaisir, nous vous l'enverrons demain.
   - **A** Se le fa piacere, glielo spediremo domani.
   - **B** Se le fa comodo, ve lo spediremo domani.
   - **C** Se fa per lei, glielo spedivamo domani.

5. Il est en retard, il doit avoir oublié le rendez-vous.
   - **A** È in ritardo, avrà dimenticato l'appuntamento.
   - **B** È in tardi, ha dimenticato l'appuntamento.
   - **C** È in ritardo, dovrà dimenticare l'appuntamento.

6. Téléphone-lui pour le lui rappeler.
   - **A** Telefonalo per ricordargli lo.
   - **B** Telefonagli per ricordarglielo.
   - **C** Telefonagli per ricordare lo lui.

Module 17
VOCABOLARIO E FRASI IDIOMATICHE

Verbes

assumere	*embaucher*
aumentare	*augmenter*
concludere	*conclure*
consultare	*consulter*
diventare	*devenir*
iniziare	*commencer*
inserire	*insérer*
presentare	*présenter*
prestare	*prêter*
ricordare	*rappeler*

Noms et adjectifs

l'ambiente	*le milieu*
l'annuncio (m.)	*l'annonce*
l'assunzione	*l'embauche*
l'aumento (m.)	*l'augmentation*
l'azienda	*l'entreprise*
bancario	*bancaire*
la carriera	*la carrière*
il caso	*le cas*
il colloquio	*l'entretien*
comodo	*confortable*
la comunicazione	*la communication*
completo	*complet*
il contratto	*le contrat*

Module 17
VOCABOLARIO E FRASI IDIOMATICHE

la conversazione	*la conversation*
il curricolo	*le curriculum vitae*
il curriculum vitae	*le curriculum vitae*
la decina	*la dizaine*
determinato	*déterminé*
il discorso	*le discours*
la ditta	*l'entreprise*
la dormita (f.)	*le somme*
le ferie (f. pl.)	*les congés (payés)*
fisso	*fixe*
l'incontro (m.)	*la rencontre*
indeterminato	*indéterminé*
l'inizio	*le début*
la laurea	*la licence*
lavorativo	*de travail*
la lettera	*la lettre*
il matrimonio	*le mariage*
l'offerta	*l'offre*
la passeggiata	*la promenade*
il percorso	*le parcours*
il periodo (m.)	*la période*
la poltrona (f.)	*le fauteuil*
il progresso	*le progrès*
la prova (f.)	*l'essai*
reciproco	*réciproque*
il riposo	*le repos*

Module 17
VOCABOLARIO E FRASI IDIOMATICHE

lo scambio	*l'échange*
lo stage	*le stage*
lo studio (m.)	*l'étude*
temporaneo	*temporaire*
il titolo	*le titre*
il titolo di studio	*le diplôme*
la torta	*la tarte*
l'ufficio	*le bureau*
l'università	*l'université*
la voglia	*l'envie*

Adverbes

forse	*peut-être*
subito	*tout de suite*

Locutions / Phrases essentielles

Fa al caso tuo.	*C'est ce qu'il te faut.*
fa comodo	*ça arrange*
fare bene, male	*faire du bien, du mal*
fare presto	*faire vite*
fare tardi	*arriver en retard*
fare una dormita	*faire un somme*
fare voglia	*donner envie*
Non fa per te.	*Ça ne te correspond pas.*

Module 17
CORRIGÉ

Le basi

PAGES 194-195
Futur antérieur
1 C 2 A 3 A 4 B 5 B
1 B 2 A 3 A 4 B 5 A 6 C 7 C 8 A

PAGES 195-196
Futur « hypothétique »
1 A 2 B 3 B 4 A 5 A
1 A 2 C 3 A 4 B 5 A

PAGES 197-198
Pronoms groupés associés à un verbe à l'impératif, à l'infinitif ou au gérondif
1 C 2 A 3 B 4 C 5 A
1 B 2 B 3 A 4 C 5 B

PAGE 198
Emplois idiomatiques du verbe **fare**
1 A 2 A 3 B 4 A 5 A 6 B 7 B 8 A

PAGE 199
Vocabulaire : le travail, l'entretien d'embauche
1 B 2 C 3 C 4 B 5 A
1 C 2 A 3 B 4 B

PAGE 200
Exercice de traduction
1 A 2 B 3 C 4 A 5 A 6 B

Vous avez obtenu entre 0 et 14 ? Reprenez chaque question en regardant les endroits où vous avez fait des erreurs.

Vous avez obtenu entre 15 et 30 ? C'est très moyen, mais ne vous découragez pas.

Vous avez obtenu entre 31 et 46 ? Formidable ! Analysez les erreurs et, si besoin, révisez la ou les notions que vous ne maîtrisez pas complètement.

Vous avez obtenu 47 et plus ? Bravissimo!

Module 18
LE BASI

Focus Forme passive

Corrigé page 216

Complétez avec la forme correcte du verbe au passif.

1. Il corso di aggiornamento di oggi ... da tutti i nostri dipendenti.
   - **A** è frequentato
   - **B** è stata frequentata
   - **C** sono frequentato

2. I dipendenti ... a partecipare numerosi.
   - **A** sono stati invitati
   - **B** essere invitati
   - **C** è invitato

3. Gli argomenti ... secondo i bisogni del personale.
   - **A** hanno scelto
   - **B** sono stati scelti
   - **C** sono scelte

4. ... a partecipare anche gli addetti alla segreteria.
   - **A** Erano chiamato
   - **B** Sono chiamati
   - **C** Sarò chiamato

5. Tra gli argomenti ... anche le strategie comunicative e relazionali.
   - **A** sono state inserite
   - **B** ha stato inserito
   - **C** inserendo

6. Ogni dipendente ... a riflettere sulle proprie modalità di comunicazione con il cliente.
   - **A** è portato
   - **B** siamo portati
   - **C** ha portato

7. Date e orari del corso ... ogni volta attraverso una mail.
   - **A** saranno comunicati
   - **B** comunicando
   - **C** avrò comunicato

Choisissez la bonne réponse pour chaque question posée.

1. Come mai non eri alla riunione?
   - **A** Non ho stata avvisata.
   - **B** Non ho avvisato.
   - **C** Non sono stata avvisata.

2. Di che cosa avete parlato?
   - **A** Sono stati discussi molti argomenti.
   - **B** Hanno stati discussi molti argomenti.
   - **C** Discuti molti argomenti.

Module 18
LE BASI

3. C'è stata qualche novità interessante?
   - **A** Sì, sono presente la nuova collezione.
   - **B** Sì, è stata presentata la nuova collezione.
   - **C** Sì, ha stata presentata la nuova collezione.

Corrigé page 216

4. È piaciuta?
   - **A** Sì, ha applaudita da tutti.
   - **B** Sì, ha stato applaudita da tutti.
   - **C** Sì, è stata applaudita da tutti.

5. Tu continuerai a lavorare con noi?
   - **A** Non credo, non sono trattata bene dai colleghi …
   - **B** Non credo, non hanno trattati bene dai colleghi …
   - **C** Non credo, non tratti bene dai colleghi …

Astuce Le verbe **trattare**, *traiter*, a ici, comme souvent dans le langage parlé, le sens de *considérer*, en général du point de vue de la relation entre personnes, donc **trattare bene un collega** signifie *être gentil, accueillant avec un collègue* ; **trattare male** signifie bien sûr le contraire, sans qu'il y ait forcément de maltraitance…

Focus Variantes de la forme passive

Choisissez la bonne réponse pour chaque question posée.

1. Quand'è la presentazione della nuova collezione?
   - **A** Finisce fatta in maggio.
   - **B** Viene fatta in maggio.

2. Quando dovremo approvare il bilancio?
   - **A** Va approvato a fine mese.
   - **B** È in prova a fine mese.

3. Di cosa parleremo alla riunione?
   - **A** Andrà discusso il programma.
   - **B** Discutevo il programma.

Module 18
LE BASI

4. Cosa pensi del settore acquisti?
   - **A** Quello va rinnovato.
   - **B** Quello è stato nuovo.

5. L'amministratore sa dell'incontro?
   - **A** No, va a casa subito.
   - **B** No, va avvisato subito.

6. Hai l'ordine del giorno della riunione?
   - **A** No, verrà preparato domani.
   - **B** No, preparati domani.

> **Astuce** L'emploi des verbes **andare** et **venire** à la place de **essere** dans la forme passive est réservé aux temps simples (seul **essere** peut être utilisé aux temps composés). Le verbe **andare** indique une obligation : **Questo lavoro va fatto subito**, *Ce travail doit être fait tout de suite.*

Focus Forme impersonnelle avec *si*

Complétez avec l'expression qui convient.

Corrigé page 216

1. In questa ditta ... a lavorare presto.
   - **A** si inizia
   - **B** iniziasi

2. Alla riunione ... in inglese.
   - **A** si è parlarato
   - **B** si parla

3. ... degli argomenti interessanti.
   - **A** Si sono discussi
   - **B** Si hanno discutato

4. Di questo problema ... a lungo.
   - **A** si viene parlati
   - **B** si è parlato

5. Per questa difficoltà ci ... al presidente.
   - **A** si va rivolta
   - **B** si rivolgerà

> **Astuce** • Pour éviter le redoublement de **si** (qui est déjà le pronom précédant la troisième personne à la forme réfléchie), les verbes réfléchis sont précédés de **ci si** à la forme impersonnelle : **Ci si lava**, *On se lave.*
> • Avec **si** impersonnel, l'auxiliaire des temps composés est toujours **essere** : **Si è discusso**, *On a discuté.* Le participe passé est donc toujours accordé avec le sujet (C.O.D. de la phrase française) : **si sono mangiati spaghetti**, *on a mangé des spaghettis.*

Module 18
LE BASI

Focus Forme passive et forme impersonnelle

Trouvez la phrase passive incorrecte.

Corrigé page 216

1.
- **A** L'argomento va presentato all'inizio della riunione.
- **B** L'argomento si presenta all'inizio della riunione.
- **C** L'argomento presentava l'inizio della riunione.

2.
- **A** Si discutono molti argomenti.
- **B** Molti argomenti vanno via.
- **C** Vengono discussi molti argomenti.

3.
- **A** Si è fatta la presentazione del nuovo catalogo.
- **B** Ha presentiamoci al nuovo catalogo.
- **C** È stata fatta la presentazione del nuovo catalogo.

4.
- **A** Al colloquio si richiede la conoscenza dell'inglese.
- **B** Al colloquio abbiamo fatto richiesta dell'inglese.
- **C** Al colloquio è richiesta la conoscenza dell'inglese.

5.
- **A** Si approva il bilancio.
- **B** Viene approvato il bilancio.
- **C** È approvante il bilancio.

Astuce Aux temps composés, dans les formes impersonnelles avec **si**, le participe passé s'accorde avec le sujet de la phrase passive sous-entendue, qui correspond au C.O.D. dans la traduction française de la phrase : **Si sono fatte molte riunioni** (= **molte riunioni sono state fatte**, *beaucoup de réunions ont été faites*), *On a fait de nombreuses réunions*. C'est justement parce que c'est l'équivalent d'une phrase passive que l'auxiliaire des temps composés est **essere**.

Module 18
LE BASI

Focus Pronoms relatifs

Complétez avec le pronom relatif qui convient.

Corrigé page 216

1. La persona … parla è l'amministratore.
   - **A** per cui
   - **B** che
   - **C** ai quali
   - **D** alle quali

2. La collega … ti ho parlato è lei.
   - **A** che
   - **B** a cui
   - **C** di cui
   - **D** il quale

3. Le persone … abbiamo parlato ieri ci hanno scritto.
   - **A** con le quali
   - **B** che
   - **C** da che
   - **D** quale

4. Questo è il motivo … ci siamo riuniti.
   - **A** per cui
   - **B** a cui
   - **C** che
   - **D** per che

5. La persona … ero ieri è il direttore della ditta.
   - **A** che
   - **B** con quali
   - **C** per chi
   - **D** con cui

6. Questi sono gli argomenti … si discuterà.
   - **A** che
   - **B** il quale
   - **C** dei quali
   - **D** la quale

7. Le persone … vedi sono i nostri dirigenti.
   - **A** dai quali
   - **B** per cui
   - **C** a cui
   - **D** che

8. Leonardo è una persona … posso contare.
   - **A** sulla quale
   - **B** sui quali
   - **C** che
   - **D** quale

9. Il presidente è la persona … ci siamo rivolti.
   - **A** con i quali
   - **B** che
   - **C** per cui
   - **D** a cui

10. Loro sono le persone … ho ricevuto l'informazione.
    - **A** dalle quali
    - **B** che
    - **C** a cui
    - **D** per il quale

Astuce Les formes courtes (**che** pour le sujet et le C.O.D., **cui** précédé d'une préposition pour les autres compléments) sont nettement plus fréquentes. Les longues (**quale** au singulier, **quali** au pluriel, précédés d'un article défini ou contracté) sont presque exclusivement réservées à la langue écrite ou littéraire.

Module 18
LE BASI

Complétez chaque phrase avec la fin qui convient.

1. Lara è la ragazza con cui …

    A … ho chiesto un'informazione.

    B … collaboro a un progetto.

    C … abbiamo visto ieri.

2. Questo è il problema per il quale …

    A … ti ho chiamato.

    B … vorrei andare in vacanza.

    C … abbiamo.

3. La nuova collezione è l'obiettivo per il quale …

    A … abbiamo.

    B … vedi.

    C … stiamo lavorando.

4. La persona che … è il presidente della commissione.

    A … sto parlando.

    B … sono andato.

    C … vedi.

5. Questo è il progetto che … .

    A … preferisco.

    B … siamo venuti.

    C … ti ho parlato.

Choisissez la phrase qui synthétise les deux propositions indiquées.

1. Vuole vedere il progetto – gli abbiamo tanto parlato di quel progetto.

    A Vuole vedere il progetto da cui gli abbiamo tanto parlato.

    B Vuole vedere il progetto a cui gli abbiamo tanto parlato.

    C Vuole vedere il progetto di cui gli abbiamo tanto parlato.

Module 18
LE BASI

2. Ti ho riportato il catalogo – mi avevi prestato questo catalogo.

   A Ti ho riportato il catalogo di cui mi avevi prestato.

   B Ti ho portato il catalogo che mi avevi prestato.

   C Ti ho riportato il catalogo con il quale mi avevi prestato.

3. Le spiego il problema – sono venuto per questo problema.

   A Le spiego il problema dal quale sono venuto.

   B Le spiego il problema per cui sono venuto.

   C Le spiego il problema con cui sono venuto.

4. Domani ci sarà la riunione – dovrete partecipare alla riunione.

   A Domani ci sarà la riunione alla quale dovrete partecipare.

   B Domani ci sarà la riunione che dovrete partecipare.

   C Domani ci sarà la riunione di cui dovrete partecipare.

Focus Vocabulaire : l'entreprise, les affaires

Trouvez le mot correspondant à chaque devinette.

Corrigé page 216

1. Si ottiene qualcosa in cambio di denaro.

   A bilancio   **C** acquisto
   B vendita   **D** spesa

2. Denaro che entra in cassa.

   A spese   **C** acquisti
   B vendite   **D** guadagni

3. Si ottiene denaro cedendo qualcosa.

   A vendita   **C** acquisto
   B assunzione   **D** spesa

4. Situazione delle entrate e delle uscite.

   A acquisto   **C** vendita
   B bilancio   **D** problema

Module 18
LE BASI

Focus **Exercice de traduction**

Choisissez la bonne traduction en italien.

1. On a approuvé le budget au cours de la réunion de lundi dernier.
   - **A** Nella riunione di lunedì prossimo ha approvato il bilancio.
   - **B** Nella riunione di lunedì scorso si ha approvato il bilancio.
   - **C** Nella riunione di lunedì scorso si è approvato il bilancio.

2. On a décidé la stratégie commerciale de la prochaine saison.
   - **A** Si è decisa la strategia commerciale della prossima stagione.
   - **B** Si è deciso la strategia commerciale della prossima stagione.
   - **C** Si ha deciso la strategia commerciale della prossima stagione.

3. On lancera de nouveaux appareils électroménagers sur le marché.
   - **A** Si lancerà sul mercato nuovi elettrodomestici.
   - **B** Si lanceranno sul mercato nuovi elettrodomestici.
   - **C** Si lanceremo sul mercato nuovi elettrodomestici.

4. La personne avec qui j'étais en train de parler et que nous rencontrerons demain est le cadre responsable du secteur des achats.
   - **A** La persona con che ero parlante e che incontreremo domani è il dirigente responsabile del settore acquisti.
   - **B** La persona con chi stavo parlando e che incontreremo domani è il quadro responsabile del settore acquisti.
   - **C** La persona con cui stavo parlando e che incontreremo domani è il dirigente responsabile del settore acquisti.

5. Je vous conseille de lire le procès-verbal du dernier conseil d'administration pour connaître les problèmes dont on a parlé.
   - **A** La consiglio di leggere il verbale dell'ultimo consiglio di amministrazione per conoscere i problemi di che si ha parlato.
   - **B** Le consiglio di leggere il verbale dell'ultimo consiglio di amministrazione per conoscere i problemi di cui si è parlato.
   - **C** Le consiglia di leggere il verbale dell'ultimo consiglio di amministrazione per conoscere i problemi di cui si è parlati.

6. Rien n'a été dit à ce sujet.
   - **A** Niente ha stato detto a questo soggetto.
   - **B** A questo proposto non hai detto niente.
   - **C** Niente è stato detto a questo proposito.

Module 18
VOCABOLARIO E FRASI IDIOMATICHE

Verbes

applaudire	*applaudir*
approvare	*approuver*
avvisare	*prévenir*
cedere	*céder*
collaborare	*collaborer*
discutere (part. passé discusso)	*discuter*
frequentare	*fréquenter*
lanciare	*lancer*
ottenere	*obtenir*
partecipare	*participer*
richiedere (part. passé richiesto)	*demander (requérir)*
rinnovare	*renouveler*
riportare	*ramener*
riunire	*réunir*
rivolgersi	*s'adresser*
trattare	*traiter*

Noms et adjectifs

l'acquisto	*l'achat*
l'addetto	*l'attaché*
l'aggiornamento (m.)	*la mise à jour*
l'amministratore	*l'administrateur*
l'amministratore delegato	*le P.-D.G.*
l'argomento	*le sujet*
il bilancio	*le bilan, le budget*

Module 18
VOCABOLARIO E FRASI IDIOMATICHE

il bisogno	*le besoin*
la cassa	*la caisse*
il catalogo	*le catalogue*
la collezione	*la collection*
comunicativo	*concernant la communication*
commerciale	*commercial*
la commissione	*la commission*
la conoscenza	*la connaissance*
il consiglio	*le conseil*
il consiglio d'amministrazione	*le conseil d'administration*
il corso	*le cours*
il denaro	*l'argent*
il dipendente	*l'employé*
la difficoltà	*la difficulté*
il direttore	*le directeur*
il dirigente	*le dirigeant, le cadre*
l'elettrodomestico	*l'électroménager*
l'entrata	*l'entrée, la recette*
il guadagno	*le gain*
il mercato	*le marché*
la modalità (pl. invariable)	*la modalité*
il motivo	*le motif*
la novità	*la nouveauté*
numeroso	*nombreux*
l'ordine	*l'ordre*
l'ordine del giorno	*l'ordre du jour*

Module 18
VOCABOLARIO E FRASI IDIOMATICHE

il personale	*le personnel*
la presentazione	*la présentation*
il presidente	*le président*
il problema (pl. i problemi)	*le problème*
il progetto	*le projet*
il programma (pl. i programmi)	*le programme*
responsabile	*responsable*
l'obiettivo	*l'objectif*
relazionale	*relationnel*
la riunione	*la réunion*
la segreteria (f.)	*le secrétariat*
il settore	*le secteur*
la situazione	*la situation, l'état*
la strategia	*la stratégie*
l'uscita	*la sortie, la dépense*
la vendita	*la vente*
il verbale	*le procès-verbal*

Adverbes et pronoms

attraverso	*par*
qualcosa	*quelque chose*

Locutions idiomatiques

a questo proposito	*à ce sujet*
in cambio di	*en échange de*

Module 18
CORRIGÉ

Le basi

VOTRE SCORE :

PAGE 205
Forme passive
1 **B** 2 **A** 3 **B** 4 **B** 5 **A** 6 **A** 7 **A**
1 **C** 2 **A** 3 **B** 4 **C** 5 **A**

PAGE 206
Variantes de la forme passive
1 **B** 2 **A** 3 **A** 4 **A** 5 **B** 6 **A**

PAGE 207
Forme impersonnelle avec **si**
1 **A** 2 **B** 3 **A** 4 **B** 5 **B**

PAGE 208
Forme passive et forme impersonnelle
1 **C** 2 **B** 3 **B** 4 **B** 5 **C**

PAGES 209-210
Pronoms relatifs
1 **B** 2 **C** 3 **A** 4 **A** 5 **D** 6 **C** 7 **D** 8 **A** 9 **D** 10 **A**
1 **B** 2 **A** 3 **C** 4 **C** 5 **A**
1 **C** 2 **B** 3 **B** 4 **A**

PAGE 211
Vocabulaire : l'entreprise, les affaires
1 **C** 2 **D** 3 **A** 4 **B**

PAGE 212
Exercice de traduction
1 **C** 2 **A** 3 **B** 4 **C** 5 **B** 6 **C**

Vous avez obtenu entre 0 et 14 ? Reprenez chaque question en regardant les endroits où vous avez fait des erreurs.

Vous avez obtenu entre 15 et 30 ? C'est très moyen, mais ne vous découragez pas.

Vous avez obtenu entre 31 et 46 ? Formidable ! Analysez les erreurs et, si besoin, révisez la ou les notions que vous ne maîtrisez pas complètement.

Vous avez obtenu 47 et plus ? Bravissimo!

Module 19
LE BASI

Focus Pronoms et adjectifs interrogatifs

Choisissez la question correspondant à la réponse donnée.

Corrigé page 228

1. Maddalena mi chiama alle dodici e un quarto.
   - **A** Che ora è Maddalena?
   - **B** Per quante ore parli con Maddalena?
   - **C** A che ora ti chiama Maddalena?

2. Con Matteo.
   - **A** Con chi sei al telefono?
   - **B** Chi risponde al telefono?
   - **C** Chi ti chiama?

3. Sto al telefono solo un minuto.
   - **A** Quanti telefoni hai?
   - **B** Quanto tempo stai al telefono?
   - **C** Quale telefono usi?

4. Spendo dieci euro al mese di traffico telefonico e internet.
   - **A** Quanti minuti sei stata al telefono?
   - **B** Quante chiamate fai al giorno?
   - **C** Quanto spendi di credito telefonico?

5. Prima ce l'avevo con la Bip, adesso con la Vonp.
   - **A** Con quale compagnia hai il tuo contratto telefonico?
   - **B** Chi ha il tuo telefono?
   - **C** Con chi sei al telefono?

Complétez avec l'interrogatif ou l'exclamatif qui convient.

1. ... strana suoneria hai!
   - **A** Chi
   - **B** Che
   - **C** Quali

Module 19
LE BASI

Corrigé page 228

2. Pronto, ... parla?
   - **A** quale
   - **B** che
   - **C** chi

3. ... appuntamenti abbiamo per la settimana?
   - **A** Quali
   - **B** Quanto
   - **C** Chi

4. ... impegni hai! Non sei mai libero!
   - **A** Che
   - **B** Quanti
   - **C** Quali

5. ... costa questo telefono?
   - **A** Chi
   - **B** Quanta
   - **C** Quanto

6. ... esami ti mancano per finire l'università?
   - **A** Quale
   - **B** Quante
   - **C** Quali

7. Pronto! Con ... parlo?
   - **A** chi
   - **B** quale
   - **C** quanta

Astuce • Quand il est utilisé à la forme exclamative, l'interrogatif **quanto**, *combien*, correspond à **que de**, **Quanta gente!**, *Que de monde !*, ou à une exclamation générique concernant une quantité, **Questo cappello costa trecento euro. – Quanto!**, *Ce chapeau coûte 300 euros. – Autant !*

• Le verbe **mancare**, *manquer*, est parfois utilisé pour exprimer ce qui reste avant de compléter une période ou un groupe de choses : **Mancano due settimane alla fine dell'anno**, *Il reste deux semaines* (litt. : « deux semaines manquent ») *avant la fin de l'année* ; **Gli mancano due esami per finire l'università**, *Il lui reste deux examens avant de terminer l'université.*

Focus Exprimer l'obligation et la nécessité

Choisissez la phrase qui n'a PAS le même sens que celle indiquée.

1. Occorre telefonare alla nonna.
   - **A** Dobbiamo telefonare alla nonna.
   - **B** Bisogna telefonare alla nonna.
   - **C** La nonna vuole telefonarci.

Module 19
LE BASI

2. Ci vuole molto impegno per laurearsi.

   A Si sono impegnati molto quindi si sono laureati.

   B Per laurearsi bisogna impegnarsi molto.

   C Serve molto impegno per laurearsi.

3. Non serve chiamare subito.

   A Non importa chiamare subito.

   B Non è necessario chiamare subito.

   C Non mi ha chiamato subito.

4. Ci vuole molta pazienza.

   A Sono stati molto pazienti.

   B Serve molta pazienza.

   C Bisogna avere molta pazienza.

5. Bisognerà sentirsi più spesso.

   A Servirà sentirsi più spesso.

   B Sarà necessario sentirsi più spesso.

   C Sarà bello sentirsi più spesso.

> **Astuce** Le verbe **sentire**, *entendre*, est souvent utilisé dans le langage parlé au sens de *se parler au téléphone*, aussi bien dans sa forme active, **Ho sentito Carla ieri**, *J'ai eu Carla au téléphone hier*, que dans sa forme réfléchie ou pronominale, **Ci sentiamo spesso**, *On s'appelle souvent*.

Choisissez la phrase qui a le même sens que celle indiquée.

1. Bisognava parlargli.

   A Era necessario parlargli.

   B Era bello parlargli.

   C Non serviva parlargli.

Module 19
LE BASI

Corrigé page 228

2. Bisogna avere tempo.
   - **A** Ci vuole tempo.
   - **B** Passatempo.
   - **C** Ci piace avere tempo.

3. Bisogna rispondere (al telefono).
   - **A** Non riesco a rispondere.
   - **B** Hanno risposto.
   - **C** Si deve rispondere.

4. Bisognerà attendere in linea.
   - **A** Si dovrà attendere in linea.
   - **B** È vietato attendere in linea.
   - **C** Ho atteso in linea.

5. Bisogna mettere giù.
   - **A** Non devi mettere giù.
   - **B** È necessario mettere giù.
   - **C** Voleva mettere giù.

6. Non bisogna chiamarla.
   - **A** Non importa chiamarla.
   - **B** Non deve chiamarci.
   - **C** Non voglio chiamarla.

Focus Locutions interrogatives

*Trouvez la locution pouvant remplacer **perché**.*

1. Perché ha chiamato?
   - **A** Quando mai
   - **B** Se mai
   - **C** Come mai
   - **D** Casomai

Module 19
LE BASI

2. Perché riattacchi?
   - **A** Per quale ragione
   - **B** Per chi
   - **C** Per quanto
   - **D** Per te

3. Perché non vi sentite più?
   - **A** Per sempre
   - **B** Per voi
   - **C** Per quale motivo
   - **D** Per favore

4. Perché ti sei arrabbiato?
   - **A** Per che cosa
   - **B** A che cosa
   - **C** Di che cosa
   - **D** Quale cosa

Focus — Locutions interrogatives et leurs réponses

Choisissez la phrase qui a le même sens que celle indiquée.

Corrigé page 228

1. Perché ti ha sbattuto giù il telefono?
   - **A** Come mai ti ha sbattuto giù il telefono?
   - **B** Cosa mai ti ha sbattuto giù il telefono?
   - **C** Per quale strada ti ha sbattuto giù il telefono?

2. Perché ci sono stati alcuni problemi fra noi...
   - **A** Però di alcuni problemi fra noi ...
   - **B** Per sempre di alcuni problemi fra noi ...
   - **C** Per via di alcuni problemi fra noi ...

3. Perché non riuscite a capirvi?
   - **A** Avete ragione non riuscite a capirvi?
   - **B** Per quale ragione non riuscite a capirvi?
   - **C** Per via non riuscite a capirvi?

4. Perché lei ha un carattere impossibile!
   - **A** Per quale motivo il suo carattere impossibile!
   - **B** A causa del suo carattere impossibile!
   - **C** Per che cosa di un carattere impossibile!

Module 19
LE BASI

Focus — Expressions de distribution et de fréquence dans le temps

Complétez avec la préposition qui convient.

Corrigé page 228

1. Ci sentiamo una volta ... mese.
   - **A** al
   - **B** dal
   - **C** fra

2. Vado a trovarli un paio di volte ... anno.
   - **A** in
   - **B** all'
   - **C** a

3. Mi telefona dieci volte ... minuto!
   - **A** al
   - **B** del
   - **C** ai

4. Sul lavoro ricevo centinaia di telefonate ... giorno.
   - **A** da
   - **B** a
   - **C** al

Focus — Vocabulaire : le téléphone

Trouvez le mot correspondant à chaque devinette.

1. Può essere persa o in entrata...
   - **A** la chiamata
   - **B** l'uscita
   - **C** la porta
   - **D** l'occasione

2. Devo « farlo » per chiamare...
   - **A** l'invito
   - **B** il colloquio
   - **C** il gesto
   - **D** il numero

3. A volte cade...
   - **A** la rubrica
   - **B** la linea
   - **C** la penna
   - **D** il numero

4. Lo dico quando rispondo al telefono.
   - **A** prego
   - **B** scusi
   - **C** pronto
   - **D** arrivederci

5. Lo dico quando voglio sapere chi mi sta telefonando.
   - **A** chi parla?
   - **B** che cosa?
   - **C** buongiorno!
   - **D** metto giù?

Module 19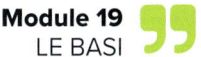
LE BASI

Focus **Exercices de traduction**

Choisissez la bonne traduction en italien.

1. Il s'en est bien sorti.

   A Se l'è cavata bene.

   B Ci è uscito bene.

   C Cavala bene.

2. Luigi s'en sort toujours, même dans les pires situations.

   A Luigi te la cava sempre, anche nelle peggiore situazioni.

   B Luigi se la cava sempre, anche nelle peggiori situazioni.

   C Luigi esce sempre, anche nelle peggiori situazione.

3. Je l'appelle au moins une fois par semaine.

   A La chiama al meno una volta a settimana.

   B La chiamo almeno una volta per la settimana.

   C La chiamo almeno una volta alla settimana.

4. Je ne sais pas combien d'appels j'ai reçu aujourd'hui.

   A Non so quanti telefonate ho ricevuta oggi.

   B Non so quante telefonate ho ricevuto oggi.

   C Non so che di telefonate ho ricevute oggi.

Astuce L'expression idiomatique **cavarsela**, *s'en sortir, se débrouiller* (litt. « se l'enlever »), se conjugue comme suit au présent : **me la cavo** (*je me débrouille*), **te la cavi**, **se la cava**, **ce la caviamo**, **ve la cavate**, **se la cavano**. Aux temps composés, conjugués avec l'auxiliaire **essere**, le participe passé de **cavarsela** est toujours accordé au féminin avec le pronom **la** : **me la sono cavata** (*je me suis débrouillé*), **te la sei cavata**, etc.

Module 19
LE BASI

Choisissez la bonne traduction en italien.

1. Allô, qui est à l'appareil ?

   A Pronto, con chi parla?

   B Pronti, chi parlo?

   C Pronto, chi parla?

2. C'est Monsieur Sisti, mais je ne vous entends pas bien.

   A È signore Sisti, ma non vi sente bene.

   B Sono il signor Sisti, ma non la sento bene.

   C Sei il signore Sisti, ma non mi sento bene.

3. Vous pouvez parler plus fort, s'il vous plaît ?

   A Può parlare più forte, per favore?

   B Potete parlare più forti, per favore?

   C Si può parlare più forte, per favori?

4. Hier, je vous ai appelé mais c'était occupé et après, je vous ai eu mais on a été coupé.

   A Ieri li ho chiamati ma era occupato, e dopo l'ho sentita ma siamo stati rotti.

   B Ieri l'ho chiamata ma era occupato, e dopo l'ho sentita ma è caduta la linea.

   C Ieri vi ho chiamato ma eri occupato, e dopo l'ho sentita ma è tagliata la linea.

5. Je suis désolé, mais là je suis en réunion et je dois raccrocher.

   A Mi dispiaccio ma adesso sono in riunione e deve croccare.

   B Mi scuso ma là sono in riunione e ci vuole riattaccare.

   C Mi dispiace ma adesso sono in riunione e devo mettere giù.

6. On se rappelle cet après-midi.

   A Ci risentiamo oggi pomeriggio.

   B Si richiamiamo questi pomeriggi.

   C Mi sentono oggi pomeriggio.

Corrigé page 228

Module 19
VOCABOLARIO E FRASI IDIOMATICHE

Verbes

arrabbiarsi	*se fâcher*
attendere	*attendre*
bisognare	*falloir*
cavarsela	*s'en sortir, se débrouiller*
impegnarsi	*faire des efforts*
(non) importare	*ne pas être nécessaire*
laurearsi	*obtenir une licence*
mancare	*manquer, rester (avant la fin)*
occorrere	*falloir*
riattaccare	*raccrocher*
sbattere	*claquer*
sentire	*entendre*
servire	*servir, être utile*
spendere	*dépenser*
telefonare	*téléphoner*
usare	*utiliser*

Noms et adjectifs

l'appuntamento	*le rendez-vous*
il carattere	*le caractère*
la causa	*la cause*
la chiamata (f.)	*l'appel*
la chiamata in entrata (ou in arrivo)	*l'appel entrant*
la chiamata persa	*l'appel en absence* (litt. « perdu »)

Module 19
VOCABOLARIO E FRASI IDIOMATICHE

la compagnia	*la compagnie, la société*
il colloquio	*l'entretien*
l'entrata	*l'entrée*
l'esame	*l'examen*
il gesto	*le geste*
l'impegno	*l'engagement, l'occupation*
impossibile	*impossible*
l'invito (m.)	*l'invitation*
libero	*libre*
la linea	*la ligne*
il minuto (m.)	*la minute*
il motivo	*le motif*
necessario	*nécessaire*
il numero	*le numéro*
occupato	*occupé*
l'ora	*l'heure*
la pazienza	*la patience*
la rubrica (f.)	*le répertoire*
la ragione	*la raison*
strano	*étrange*
la suoneria	*la sonnerie*
la telefonata (f.)	*le coup de fil*
il telefono	*le téléphone*
il tempo	*le temps*
l'uscita	*la sortie*

Module 19
VOCABOLARIO E FRASI IDIOMATICHE

Adverbes et pronoms interrogatifs

che	*quel, lequel*
che cosa	*qu'est-ce que*
quale	*quel, lequel*
quanto	*combien*
chi	*qui*

Locutions / Phrases essentielles

fare il numero	*composer le numéro*
È caduta la linea.	*Nous avons été coupés.*
mettere giù	*raccrocher*
Pronto, chi parla?	*Allô, qui est à l'appareil ?*
Quanto manca?	*Combien il reste (avant la fin) ?*

Module 19
CORRIGÉ

Le basi

VOTRE SCORE :

PAGE 217
Pronoms et adjectifs interrogatifs
1 **C** 2 **A** 3 **B** 4 **C** 5 **A**
1 **B** 2 **C** 3 **A** 4 **B** 5 **C** 6 **C** 7 **A**

PAGES 218-219
Exprimer l'obligation et la nécessité
1 **C** 2 **A** 3 **C** 4 **A** 5 **C**
1 **A** 2 **A** 3 **C** 4 **A** 5 **B** 6 **A**

PAGE 220
Locutions interrogatives
1 **C** 2 **A** 3 **C** 4 **A**

PAGE 221
Locutions interrogatives et leurs réponses
1 **A** 2 **C** 3 **B** 4 **B**

PAGE 222
Expressions de distribution et de fréquence dans le temps
1 **A** 2 **B** 3 **A** 4 **C**

PAGE 222
Vocabulaire : le téléphone
1 **A** 2 **D** 3 **B** 4 **C** 5 **A**

PAGES 223-224
Exercice de traduction
1 **A** 2 **B** 3 **C** 4 **B**
1 **C** 2 **B** 3 **A** 4 **B** 5 **C** 6 **A**

Vous avez obtenu entre 0 et 12 ? Reprenez chaque question en regardant les endroits où vous avez fait des erreurs.

Vous avez obtenu entre 13 et 25 ? C'est très moyen, mais ne vous découragez pas.

Vous avez obtenu entre 26 et 38 ? Formidable ! Analysez les erreurs et, si besoin, révisez la ou les notions que vous ne maîtrisez pas complètement.

Vous avez obtenu 39 et plus ? Bravissimo!

Module 20
LE BASI

Focus Conditionnel présent

Choisissez la bonne réponse pour chaque question posée.

Corrigé page 239

1. Perché vuoi andare nel reparto di informatica?

    A Mi piacerebbe comprare un nuovo pc.

    B Mi pacerei comprare un nuovo pc.

    C Mi piaceremmi comprare un nuovo pc.

2. Cosa mi consigli?

    A Per l'uso che ne fai tu, ti consigliarei piuttosto un tablet.

    B Per l'uso che ne fai tu, ti consiglierei piuttosto un tablet.

    C Per l'uso che ne fai tu, ti consiglierai piuttosto un tablet.

3. Pensi che sia più pratico?

    A Sì, potrebbi tenerlo nella borsa.

    B Sì, poteresti tenerlo nella borsa.

    C Sì, potresti tenerlo nella borsa.

4. Mi sembra una buona idea...

    A Lo useresti tutte le volte che ne hai bisogno.

    B Lo usaresti tutte le volte che ne hai bisogno.

    C Lo userebbe tutte le volte che ne hai bisogno.

5. Allora, ti ho convinta?

    A Sì, penso che mi trovarsi bene!

    B Sì, penso che mi trovarei bene!

    C Sì, penso che mi troverei bene!

Astuce • De même que **mi piace** correspond à *j'aime* (**Mi piace la pizza**, *J'aime la pizza*), **mi piacerebbe** signifie *j'aimerais* : **Mi piacerebbe visitare Venezia**, *J'aimerais visiter Venise*.

• L'expression **trovarsi bene** (litt. « se trouver bien ») correspond à *être satisfait*, *content*, dans des expressions comme **Con la mia nuova macchina mi trovo molto bene**, *Je suis très content de ma nouvelle voiture*.

Module 20
LE BASI

Complétez avec la forme correcte du verbe au conditionnel présent.

Corrigé page 239

1. Scusa, mi …? Non riesco a connettermi con il mio pc.
   - **A** aiutaressi
   - **B** aiuterebbi
   - **C** aiuteresti

2. Certo, mi … sedere accanto a te?
   - **A** faresti
   - **B** fareste
   - **C** faressi

3. Ecco, … cliccare qui e poi digitare la password.
   - **A** dovresti
   - **B** dovrebbe
   - **C** dovreste

4. Grazie, … tanto imparare a fare da sola.
   - **A** volrei
   - **B** vorrei
   - **C** volerei

5. Ti … fare un po' di pratica per imparare!
   - **A** basteranno
   - **B** bastarebbe
   - **C** basterebbe

6. Mi …, ma non ho mai tempo!
   - **A** piacerebbe
   - **B** piacereste
   - **C** piaceva

Choisissez la phrase au conditionnel présent correspondant à celle donnée au présent.

1. Voglio imparare anch'io.
   - **A** Vorrei imparare anch'io.
   - **B** Volerei imparare anch'io.

2. Le inoltriamo una mail.
   - **A** Le inoltreremmo una mail.
   - **B** Le inoltrerebbero una mail

3. Si clicca qui.
   - **A** Si cliccarebbe qui.
   - **B** Si cliccherebbe qui.

4. Me lo spiega?
   - **A** Me lo spiegherebbe?
   - **B** Me lo spiegarebbe?

5. Non ho tempo…
   - **A** Non averei tempo…
   - **B** Non avrei tempo…

Module 20
LE BASI

6. Puoi dirmi l'ora?
   - **A** Potresti dirmi l'ora?
   - **B** Poteresti dirmi l'ora?

7. Ti vedo volentieri.
   - **A** Ti vedrei volentiei.
   - **B** Ti vederei volentieri.

8. Vuole connettersi.
   - **A** Volerebbe connettersi.
   - **B** Vorrebbe connettersi

Astuce Pour les verbes en **-care** et en **-gare**, il faut placer un **h** entre la racine et les désinences du conditionnel, comme on le fait au futur simple : **cercare → cercherei**, *je chercherais* ; **pagare → pagherei**, *je paierais* ; **spiegare → spiegherei**, *j'expliquerais*.

Choisissez la bonne réponse pour chaque question posée.

1. Hai la connessione wireless?
   - **A** Ce l'avrei ma non funziona.
   - **B** Ce l'averei ma non funziona.
   - **C** Ce laverei ma non funziona.

Corrigé page 239

2. Usi il mouse di solito?
   - **A** Lo usarrei, ma si è rotto.
   - **B** Lo userei, ma si è rotto.
   - **C** Lo usrei, ma si è rotto.

3. Vuoi questo tablet ?
   - **A** Lo volerrei ma costa troppo.
   - **B** Lo vorrebbi ma costa troppo.
   - **C** Lo vorrei ma costa troppo.

4. Volete fare un corso di informatica?
   - **A** Vorremmo, ma non abbiamo tempo.
   - **B** Volerremmo, ma non abbiamo tempo.
   - **C** Voleremo, ma non abbiamo tempo.

Module 20
LE BASI

5. Le è tutto chiaro?
   - **A** Averei un'altra domanda.
   - **B** Avrei un'altra domanda.
   - **C** Avrebbi un'altra domanda.

Corrigé page 239

> **Astuce** L'italien emprunte à l'anglais la totalité des mots liés à l'informatique : **il mouse**, *la souris* ; **wireless**, *sans fil* ; **il computer**, *l'ordinateur* ; **il tablet**, *la tablette* ; **la password**, *le mot de passe* ; **il monitor**, *l'écran* (mais on dit aussi **lo schermo**), etc.

Focus Pronoms démonstratifs et relatifs couplés

Complétez avec le couple de pronoms qui convient.

1. La mia tastiera è in francese, ... hai tu è in italiano
   - **A** quello chi
   - **B** ciò che
   - **C** quella che

2. Ho un nuovo pc, ho finalmente trovato ... volevo.
   - **A** quello che
   - **B** questo che
   - **C** chi

3. ... mi hai spiegato mi è servito.
   - **A** Ciò che
   - **B** Quelli che
   - **C** Quello chi

4. ... hanno comprato il tablet si sono trovati bene.
   - **A** Chi
   - **B** Ciò che
   - **C** Quelli che

5. Mi piacerebbe sapere ... pensi in questo momento.
   - **A** quella che
   - **B** questo che
   - **C** ciò che

Choisissez la phrase où les pronoms démonstratifs et relatifs couplés remplacent correctement les compléments de la phrase donnée.

1. Volevi un tablet nuovo e l'hai comprato.
   - **A** Hai comprato quello che volevi.
   - **B** Hai comprato quelli che volevi.
   - **C** Hai comprato questo che volevi.

Module 20
LE BASI

2. Siamo andati in quella città, tu ce l'avevi consigliato.

   A Siamo andati in quel che tu ci avevi consigliato.

   B Siamo andati in quella che tu ci avevi consigliato.

   C Siamo andati in ciò che tu ci avevi consigliato.

3. Ha incontrato quegli amici, glieli avevo presentati io.

   A Ha incontrato quegli gli avevo presentato.

   B Ha incontrato quegli che gli avevo presentato.

   C Ha incontrato quelli che gli avevo presentato.

4. Mi hai chiesto il mouse e te l'ho portato.

   A Ti ho portato ciò mi hai chiesto.

   B Ti ho portato ciò che mi hai chiesto.

   C Ti ho portato questo che mi hai chiesto.

---

*Complétez avec les pronoms démonstratifs et relatifs couplés qui conviennent (attention à la préposition précédant le pronom **cui**).*

1. Questo è proprio ... avevo bisogno.

   A ciò di cui   **B** ciò per cui   **C** ciò a cui

2. Alice è ... voglio parlare.

   A quella per cui   **B** quella da cui   **C** quella a cui

3. Ti faccio conoscere ... sono uscita.

   A quelli a cui   **B** quelli con cui   **C** quelli da cui

4. Sandro e Paolo sono ... l'ho presentato.

   A quelli a cui   **B** quelli da cui   **C** quelli in cui

5. Questo è ... crediamo.

   A ciò in cui   **B** ciò da cui   **C** ciò fra cui

Module 20
LE BASI

Focus Le pronom *chi*

Corrigé page 239

*Choisissez la phrase où le pronom **chi** est remplacé comme il convient.*

1. Chi ha scelto questo computer ne parla bene.

    A Quelli che hanno scelto questo computer ne parlano bene.

    B Quella che ha scelto questo computer ne parla bene.

    C Quelli hanno scelto questo computer e non ne parlano bene.

2. Non mi piace chi sta sempre al telefono.

    A Non mi piace la persona che ho sentito al telefono.

    B Non mi piace ciò che sta sempre al telefono.

    C Non mi piacciono quelli che stanno sempre al telefono.

3. Chi ti ha dato questo consiglio si è sbagliato.

    A Quelli non ti hanno dato un consiglio sbagliato.

    B Ciò ti ha dato questo consiglio e si è sbagliato.

    C La persona che ti ha dato questo consiglio si è sbagliata.

4. Esco solo con chi mi è simpatico.

    A Esco solo con le persone che mi sono simpatiche.

    B Esco solo con quelli antipatici.

    C Esco solo con ciò che è simpatico.

5. Chi te lo ha detto?

    A Quelle te lo avevano detto?

    B Qual è la persona che te lo ha detto?

    C Quella persona non te lo ha detto?

Astuce Le pronom **chi** est souvent utilisé dans des généralisations, des proverbes... : **Chi va piano va sano e va lontano**, *Qui veut voyager loin, ménage sa monture* (litt. « *Qui va doucement reste sain et va loin.* ») ; **Mi piace chi parla poco**, *J'aime les gens qui parlent peu.*

Module 20
LE BASI

Focus Vocabulaire et synthèse de grammaire

Complétez avec l'expression qui convient.

1. Ciao Emma, che facoltà fai, ti sei iscritta a ... avevi detto?
   - **A** ciò a cui
   - **B** quella che

2. Sì, a informatica. ... laurearmi in fretta per poi lavorare.
   - **A** Vorrei
   - **B** Volrei

3. Hai sempre avuto interesse per tutto ... riguarda la tecnologia!
   - **A** ciò che
   - **B** quelle che

4. Certo, basta mettermi davanti a una ... e un ... e io sono felice.
   - **A** pastasciutta/insalata
   - **B** tastiera/monitor

5. Beata te, io ammiro molto ... se la cava bene con l'informatica!
   - **A** ciò che
   - **B** chi

Focus Exercice de traduction

Corrigé page 239

Choisissez la bonne traduction en italien.

1. Nous aimerions changer d'ordinateur, mais nous n'aimons pas ceux que nous avons vus dans ce magasin.
   - **A** Gli piace cambiare computer, ma ciò che abbiamo visti in questo negozio non ci piace.
   - **B** Ci piacerebbe cambiare computer, ma quelli che abbiamo visto in questo negozio non ci piacciono.
   - **C** Mi piacerà cambiare di computer, ma quelli che abbiamo visto in questo negozio non ci piacciono.

2. Je n'arrive pas à me connecter au réseau de l'entreprise.
   - **A** Non riesco a connettermi sulla rete della ditta.
   - **B** Non riesci a connettere sulla rete della ditta.
   - **C** Non arrivo a connettere sulla rete della ditta.

Module 20
LE BASI

3. Ceux qui l'achètent sont toujours satisfaits.

   A Quelli che lo compra sono sempre soddisfatti.

   B Chi lo comprano si trovano sempre bene.

   C Chi lo compra si trova sempre bene.

4. La souris sans fil que j'utilise d'habitude ne marche pas aujourd'hui.

   A Il mouse wireless que uso di solito oggi non funziona.

   B Il mouse wireless che uso d'abitudine oggi non funzia.

   C Il mouse wireless che uso di solito oggi non funziona.

5. Je voudrais passer une licence d'informatique pour trouver facilement du travail.

   A Vodrei passare laurea in informatica per trovare facile lavoro.

   B Vorrei laurearmi in informatica per trovare lavoro facilmente.

   C Voglio laurearmi d'informatica per trovare lavoro facilmente.

6. Ce qui me manque le plus ici, c'est la cuisine italienne.

   A Quello che mi manca in vantaggio qui è la cucina italiana.

   B Ciò che mi manca di più qui è la cucina italiana.

   C Quelli che mi mancano di più qui è la cucina italiana.

Module 20
VOCABOLARIO E FRASI IDIOMATICHE

Verbes

Le conditionnel présent des verbes réguliers :

Il est construit sur la racine du futur + les désinences **-ei**, **-esti**, **-ebbe**, **-emmo**, **-este**, **-ebbero**.

parl**are** *parler*
(io) parl-er-**ei** *je parlerais*
(tu) parler**esti** *tu parlerais*
(lui, lei, si) parler**ebbe**
il, elle, on parlerait
(noi) parler**emmo** *nous parlerions*
(voi) parler**este** *vous parleriez*
(loro) parler**ebbero**
ils, elles parleraient

prend**ere** *prendre*
(io) prend-er-**ei** *je prendrais*
(tu) prender**esti** *tu prendrais*
(lui, lei, si) prender**ebbe**
il, elle, on prendrait
(noi) prender**emmo** *nous prendrions*
(voi) prender**este** *vous prendriez*
(loro) prender**ebbero**
ils, elles prendraient

fin**ire** *finir*
(io) fin-ir-**ei** *je finirais*
(tu) finir**esti** *tu finirais*
(lui, lei, si) finir**ebbe** *il, elle, on finirait*
(noi) finir**emmo** *nous finirions*
(voi) finir**este** *vous finiriez*
(loro) finir**ebbero** *ils, elles finiraient*

Le conditionnel présent des verbes irréguliers :

Il se construit de la même façon, chacun sur sa propre racine du futur :
andare – andrò → andrei ; **avere – avrò → avrei** ; **proporre – proporrò → proporrei** ; **venire – verrò → verrei**, etc.

aiutare	*aider*
ammirare	*admirer*
cliccare	*cliquer*
connettere	*connecter*
consigliare	*conseiller*
convincere	*convaincre*
digitare	*saisir* (sur un clavier)
funzionare	*fonctionner*
imparare	*apprendre*

Module 20
VOCABOLARIO E FRASI IDIOMATICHE

inoltrare	*transmettre (un courrier)*
laurearsi	*passer une licence* (université)
riguardare	*concerner*
riuscire	*arriver (à faire quelque chose)*
rompere (part. passé rotto)	*casser*
scegliere	*choisir*
spiegare	*expliquer*
tenere	*tenir, garder*

Noms et adjectifs

la borsa (f.)	*le sac*
chiaro	*clair*
la connessione	*la connexion*
il consiglio	*le conseil*
il corso	*le cours*
la domanda	*la question*
la facoltà	*la faculté*
l'idea	*l'idée*
l'informatica	*l'informatique*
pratico	*pratique*
il reparto	*le rayon*
la rete (f.)	*le réseau*
lo schermo	*l'écran*
la tastiera (f.)	*le clavier*
la tecnologia	*la technologie*
l'uso	*l'usage*

Adverbes et locutions

di solito	*d'habitude*
fare pratica	*pratiquer*
finalmente	*enfin*
in fretta	*vite*

Module 20
CORRIGÉ

Le basi

PAGES 229-231

Conditionnel présent

1 **A** 2 **B** 3 **C** 4 **A** 5 **C**
1 **C** 2 **A** 3 **A** 4 **B** 5 **C** 6 **A**
1 **A** 2 **A** 3 **B** 4 **A** 5 **B** 6 **A** 7 **A** 8 **B**
1 **A** 2 **B** 3 **C** 4 **A** 5 **B**

PAGES 232-233

Pronoms démonstratifs et relatifs couplés

1 **C** 2 **A** 3 **A** 4 **C** 5 **C**
1 **A** 2 **B** 3 **C** 4 **B**
1 **A** 2 **C** 3 **B** 4 **A** 5 **A**

PAGE 234

Le pronom *chi*

1 **A** 2 **C** 3 **A** 4 **A** 5 **B**

PAGE 235

Vocabulaire et synthèse de grammaire

1 **B** 2 **A** 3 **A** 4 **B** 5 **B**

PAGE 235

Exercice de traduction

1 **B** 2 **A** 3 **C** 4 **C** 5 **B** 6 **B**

Vous avez obtenu entre 0 et 14 ? Reprenez chaque question en regardant les endroits où vous avez fait des erreurs.

Vous avez obtenu entre 15 et 30 ? C'est très moyen, mais ne vous découragez pas.

Vous avez obtenu entre 31 et 45 ? Formidable ! Analysez les erreurs et, si besoin, révisez la ou les notions que vous ne maîtrisez pas complètement.

Vous avez obtenu 46 et plus ? Bravissimo!

Module 21
LE BASI

Focus Conditionnel passé

Choisissez la phrase au conditionnel passé correspondant à celle donnée au présent.

1. Vorrei fare un reso su internet.
   - **A** Avrei voluto fare un reso su internet.
   - **B** Saresti voluto fare un reso su internet.
   - **C** Avremmo voluto fare un reso su internet.

   Corrigé page 250

2. Dovresti mandare una mail al rivenditore.
   - **A** Saresti dovuto mandare una mail al rivenditore.
   - **B** Avreste dovuto mandare una mail al rivenditore.
   - **C** Avresti dovuto mandare una mail al rivenditore.

3. La manderei, ma non c'è connessione.
   - **A** L'avrei mandata, ma non c'era la connessione.
   - **B** L'avresti mandata, ma non c'era la connessione.
   - **C** La sarei mandata, ma non c'era la connessione.

4. Veramente la connessione ci sarebbe, ma è lentissima!
   - **A** Veramente la connessione ci avrebbe stata, ma era lentissima!
   - **B** Veramente la connessione ci sarebbe stata, ma era lentissima!
   - **C** Veramente la connessione ci sareste stata, ma era lentissima!

5. Potrei spedire la mail prima di uscire, ma non è proprio possibile.
   - **A** Avrai potuto spedire la mail prima di uscire, ma non è stato proprio possibile.
   - **B** Sarei potuto spedire la mail prima di uscire, ma non è proprio possibile.
   - **C** Avrei potuto spedire la mail prima di uscire, ma non è stato proprio possibile.

Module 21
LE BASI

Astuce Le conditionnel passé est formé du verbe auxiliaire au conditionnel présent suivi du participe passé du verbe à conjuguer : **avrei avuto**, *j'aurais eu*, **saresti stato**, *tu aurais été*, **sarebbe venuta**, *elle serait venue*, **avremmo preso**, *nous aurions pris*, **avreste bevuto**, *vous auriez bu*, **sarebbero rimasti**, *ils seraient restés*, etc.

Complétez avec la proposition au conditionnel passé qui convient.

1. Senza tutte quelle mail a cui rispondere ...
   - **A** sarei uscito volentieri con voi.
   - **B** saremmo uscito volentieri con voi.
   - **C** avrei uscito volentieri con voi.

Corrigé page 250

2. Con una connessione meno lenta ...
   - **A** avrebbe riuscito a finire prima il suo lavoro.
   - **B** sarebbe riuscito a finire prima il suo lavoro.
   - **C** avresti riuscito a finire prima il suo lavoro.

3. Con un po' più tempo a disposizione ...
   - **A** saremmo stati felici di accontentarla.
   - **B** avreste stati felici di accontentarla.
   - **C** avremmo stati felici di accontentarla.

4. Con una buona connessione...
   - **A** sarebbe potuto telefonarti.
   - **B** avresti potuto telefonarti.
   - **C** avrebbe potuto telefonarti.

5. Bastava un messaggio e ...
   - **A** sarebbe venuta anche lei.
   - **B** avrebbe venuta anche lei.
   - **C** avreste venuta anche lei.

Module 21
LE BASI

> **Astuce** Le verbe **riuscire** (réussir, arriver à faire quelque chose) construit ses temps composés avec l'auxiliaire **essere** : **Non sono riuscito ad arrivare prima**, *Je n'ai pas pu (réussi à) arriver avant.*

Complétez avec la forme correcte du verbe au conditionnel passé.

Corrigé page 250

1. ... felice di conoscerti, ma oggi non poteva venire.
   - **A** Saranno stato
   - **B** Sarebbe stato
   - **C** Sarebbe

2. ... volentieri una sua mail.
   - **A** Avrei ricevuto
   - **B** Sarei ricevuto
   - **C** Ero ricevuto

3. Quel giorno ... molte cose da dirgli.
   - **A** sarebbe avuto
   - **B** avrebbe avuto
   - **C** sarebbe stato

4. ... alla riunione di ieri, ma non ho ricevuto la mail di convocazione.
   - **A** Saresti venuta
   - **B** Sono venuta
   - **C** Sarei venuta

5. Vi ... ma non c'era campo per telefonare.
   - **A** avrei avvisati
   - **B** avreste avvisati
   - **C** sarei avvisati

6. ... telefonarvi, ma ho avuto problemi di connessione.
   - **A** Avrebbe voluto
   - **B** Avrei voluto
   - **C** Avete voluto

7. ... rileggere il testo delle mail, erano piene di errori!
   - **A** Avresti dovuto
   - **B** Saresti dovuto
   - **C** Avevi dovuto

> **Astuce** **Il campo** (littéralement, « le champ ») est aussi le *réseau* dans le vocabulaire des télécommunications, donc **non c'è campo** signifie *il n'y a pas de réseau*. Dans ce sens, on utilise aussi le verbe **prendere** : **Qui il mio telefono non prende**, *Ici il n'y a pas de réseau pour mon téléphone* (mot à mot : *mon téléphone ne prend pas*).

Module 21
LE BASI

Focus Conditionnel passé et verbes semi-auxiliaires

Complétez avec l'auxiliaire qui convient.

1. … voluto incontrarti.
   - **A** Sarebbero
   - **B** Avrebbero

2. Mi annoiavo e … voluta andare via prima.
   - **A** sarei
   - **B** avrei

3. … preferito andarci giovedì.
   - **A** Avremmo
   - **B** Saremmo

4. … avuto una cosa da dirti.
   - **A** Sarei
   - **B** Avrei

5. … stata qui anche lei, ma aveva un impegno.
   - **A** Sarebbe
   - **B** Avrebbe

6. … voluta andare a cena con loro?
   - **A** Avresti
   - **B** Saresti

Astuce Aux temps composés, les verbes **dovere**, **potere**, **sapere** et **volere** (qui utilisent normalement **avere** comme auxiliaire : **Avrei voluto una macchina nuova**, *J'aurais voulu une nouvelle voiture*) utilisent l'auxiliaire du verbe qu'ils accompagnent le cas échéant : **Sono voluto venire di persona**, *J'ai (suis) voulu venir personnellement*. L'auxiliaire étant **essere**, le participe passé s'accorde toujours avec le sujet : **Sandra non è voluta venire**, *Sandra n'a pas voulu (n'est pas voulue) venir*.

Focus Formation et emploi des adverbes

Complétez avec le bon adverbe formé à partir de l'adjectif indiqué entre parenthèses.

1. Gentili colleghi, vi chiedo (cortese) … di prendere visione della mail.
   - **A** cortesemente
   - **B** cortesissimo
   - **C** cortesmente

2. Avrei voluto avvisarvi (puntuale) … una settimana prima.
   - **A** puntualmente
   - **B** puntualino
   - **C** appunto

Module 21
LE BASI

3. Ma la decisione di riunirci è stata presa (veloce) ... ieri sera.
   - **A** velocissima
   - **B** velocemente
   - **C** velocismente

4. Vi allego (immediato) ... il link della riunione on line di domani.
   - **A** immediatamente
   - **B** immediatomente
   - **C** immediamente

5. Vi prego di partecipare e di entrare (perfetto) ... in orario.
   - **A** perfettomente
   - **B** perfettismente
   - **C** perfettamente

6. Vi saluto (cordiale) ... .
   - **A** cordialemente
   - **B** cordialmente
   - **C** cordialminte

Trouvez l'adverbe qui ne peut PAS compléter chaque phrase.

Corrigé page 250

1. Mangio ... qualcosa con te.
   - **A** velocemente
   - **B** volentieri
   - **C** fuori

2. Questo vestito ti sta ...
   - **A** perfettamente
   - **B** male
   - **C** dentro

3. Cammini molto ...
   - **A** velocemente
   - **B** elegantemente
   - **C** tardi

4. Sono arrivati ...
   - **A** puntualmente
   - **B** forte
   - **C** presto

5. Hai viaggiato ... ?
   - **A** comodamente
   - **B** piacevolmente
   - **C** fuori

6. Parla sempre ...
   - **A** forte
   - **B** presto
   - **C** piano

7. Ci siamo alzati ...
   - **A** presto
   - **B** velocemente
   - **C** dentro

Module 21
LE BASI

Astuce Le verbe **stare** accompagné des adverbes **bene** et **male** est aussi utilisé dans le sens *d'aller bien* ou *mal* : **Oggi sto bene**, *Aujourd'hui je vais bien* ; **Quel vestito ti sta bene**, *Cette robe te va bien.*

Complétez les phrases de ce courrier avec l'adverbe qui convient.

1. Egregio Dirigente, le scrivo ... per inviare la mia domanda di ferie.
   - **A** personalmente
   - **B** personalissimo
   - **C** personalemente

2. Capisco ... le esigenze del team, quindi chiedo solo una settimana.
   - **A** molto malemente
   - **B** benissimo
   - **C** benemente

3. Chiedo ... di usufruire di ferie dal 12 al 19 settembre.
   - **A** gentilissimo
   - **B** gentilmente
   - **C** gentilesmente

Corrigé page 250

4. So che è un periodo in cui si lavora ...
   - **A** molto
   - **B** moltessimo
   - **C** moltemente

5. Ma ... riuscirei ad organizzarmi in un altro momento. Cordiali saluti.
   - **A** difficilissimo
   - **B** difficilmente
   - **C** difficilessemente

Module 21
LE BASI

Focus Forme superlative des adverbes

Complétez avec le bon superlatif formé à partir de l'adverbe indiqué entre parenthèses.

1. Ho la connessione che va ... (molto lentamente).
   - **A** lentissimamente
   - **B** lentessimamente
   - **C** lenterrimamente

2. Avrei dovuto mandare ... (molto velocemente) una mail.
   - **A** velocissimamente
   - **B** velocissima
   - **C** velocissimente

3. Mi trovo ... (molto male) con il telefono che mi è arrivato.
   - **A** malemente
   - **B** malissimo
   - **C** malessimo

4. Chiedo il reso dell'ordine e attendo ... (molto presto) una risposta.
   - **A** prestissamente
   - **B** prestissimamente
   - **C** prestissimo

5. Farei ... (molto volentieri) cambio con l'altro modello.
   - **A** volentierissimo
   - **B** volentiermente
   - **C** volentissimo

6. Ecco, finalmente internet prende ... (molto bene) e posso inviare!
   - **A** benissimo
   - **B** benassemente
   - **C** benessimo

Focus Exercices de traduction

Choisissez la bonne traduction en italien.

Corrigé page 250

1. Nous n'avons pas pu venir.
   - **A** Non abbiamo potuti venire.
   - **B** Non siamo potuti venire.

2. J'ai dû y aller.
   - **A** Ci ho dovuto andare.
   - **B** Ci sono dovuta andare.

3. J'aurais voulu te parler personnellement.
   - **A** Ti avrei voluto parlare personalmente.
   - **B** Sarei voluto parlarti personalmente.

4. Tu n'as pas voulu changer de fournisseur.
   - **A** Non sei voluto cambiare operatore.
   - **B** Non hai voluto cambiare operatore.

Module 21
LE BASI

5. Il n'aurait pas su répondre.

   A Non avrebbe saputo rispondere.

   B Non sarebbe possuta rispondere.

Choisissez la bonne traduction en italien.

1. Nous aurions voulu vous appeler, mais il n'y avait pas de réseau.

   A Abbiamo voluto chiamarvi ma non c'era campo.

   B Avremmo voluto chiamarti, ma non c'erano i campi.

   C Avremmo voluto chiamarvi ma non c'era campo.

2. J'aurais préféré rester avec l'autre fournisseur, mais l'abonnement était trop cher.

   A Avrei preferito restare con l'altro operatore ma l'abbonamento era troppo caro.

   B Avrò preferito restare con l'altro fornitore ma l'abbonamento era troppo caro.

   C Avrai preferito restare con l'altro operatore ma l'abbonamento è troppo caro.

3. Sa boîte de courrier électronique doit être pleine.

   A La sua scatola di posta elettronica è stata piena.

   B La sua casella di posta elettronica sarà piena.

   C La mia casella di posta elettronica sareste piena.

Corrigé page 250

4. Vous êtes priés d'être présents à la rencontre avec le nouveau responsable des ventes.

   A Sei pregato di essere presente all'incontro col nuovo responsabile delle vendite.

   B Siete pregati di essere presente all'incontro con lo nuovo responsabile delle vendite.

   C Siete pregati di essere presenti all'incontro col nuovo responsabile delle vendite.

5. Tu aurais dû le lui écrire, il n'aurait pas fait toutes ces histoires.

   A Avrebbe dovuto gli scriverlo, non avrebbe fatto tutte quelle storie.

   B Avresti dovuto scrivergielo, non avrebbe fatto tutte quelle storie.

   C Saresti dovuta scrivere glielo, non avrebbe fatto tutte quelle storie.

Module 21
VOCABOLARIO E FRASI IDIOMATICHE

Verbes

accontentare	*satisfaire*
allegare	*joindre*
annoiare	*ennuyer*
organizzare	*organiser*
partecipare	*participer*
rispondere	*répondre*
riunire	*réunir*
usufruire	*bénéficier*

Noms et adjectifs

l'abbonamento	*l'abonnement*
il campo	*le réseau*
la casella	*la boîte* (du courrier)
comodo	*pratique, confortable*
la convocazione	*la convocation*
cordiale	*cordial*
elegante	*élégant*
l'esigenza	*l'exigence*
l'errore (m.)	*l'erreur*
felice	*heureux*
immediato	*immédiat*
l'incontro (m.)	*la rencontre*
il messaggio	*le message*
l'operatore	*le fournisseur* (d'accès)

Module 21
VOCABOLARIO E FRASI IDIOMATICHE

l'ordine (m.)	*la commande*
perfetto	*parfait*
il periodo (m.)	*la période*
puntuale	*ponctuel*
il reso	*le retour* (de marchandise)
la riunione	*la réunion*
il rivenditore	*le revendeur*
il saluto (m.)	*la salutation*
veloce	*rapide*
la visione	*la vision*

Adverbes et locutions

a disposizione	*à la disposition*
cordiali saluti	*salutations cordiales*
fare storie	*faire des histoires*
fare un reso	*effectuer un retour*

Module 21
CORRIGÉ

Le basi

VOTRE SCORE :

PAGES 240-242
Conditionnel passé
1 **A** 2 **C** 3 **A** 4 **B** 5 **C**
1 **A** 2 **B** 3 **A** 4 **C** 5 **A**
1 **B** 2 **A** 3 **B** 4 **C** 5 **A** 6 **B** 7 **A**

PAGE 243
Conditionnel passé et verbes semi-auxiliaires
1 **B** 2 **A** 3 **A** 4 **B** 5 **A** 6 **B**

PAGES 243-245
Formation et emploi des adverbes
1 **A** 2 **A** 3 **B** 4 **A** 5 **C** 6 **B**
1 **C** 2 **C** 3 **C** 4 **B** 5 **C** 6 **B** 7 **C**
1 **A** 2 **B** 3 **B** 4 **A** 5 **B**

PAGE 246
Forme superlative des adverbes
1 **A** 2 **A** 3 **B** 4 **C** 5 **A** 6 **A**

PAGES 246-247
Exercices de traduction
1 **B** 2 **B** 3 **A** 4 **B** 5 **A**
1 **C** 2 **A** 3 **B** 4 **C** 5 **B**

Vous avez obtenu entre 0 et 14 ? Reprenez chaque question en regardant les endroits où vous avez fait des erreurs.

Vous avez obtenu entre 15 et 30 ? C'est très moyen, mais ne vous découragez pas.

Vous avez obtenu entre 31 et 46 ? Formidable ! Analysez les erreurs et, si besoin, révisez la ou les notions que vous ne maîtrisez pas complètement.

Vous avez obtenu 47 et plus ? Bravissimo!

Module 22
LE BASI

Focus Accord du participe passé

Complétez avec le participe passé accordé comme il convient.

Corrigé page 261

1. Vi siete … di fare l'ordine su internet?
   - **A** ricordata
   - **B** ricordato
   - **C** ricordati

2. Abbiamo già … il pacco.
   - **A** ricevuto
   - **B** ricevuti
   - **C** ricevute

3. Ho appena … di montare la credenza.
   - **A** finito
   - **B** finite
   - **C** finita

4. Si sono … di portare il trapano.
   - **A** dimenticato
   - **B** dimenticati
   - **C** dimenticata

5. Mi sono … un dito con il martello.
   - **A** schiacciate
   - **B** schiacciati
   - **C** schiacciata

6. Carla non si è … bene le mani.
   - **A** lavato
   - **B** lavati
   - **C** lavata

7. Alice ha … degli attrezzi nuovi.
   - **A** comprata
   - **B** comprato
   - **C** comprate

8. Le ragazze sono … tardi.
   - **A** usciti
   - **B** uscite
   - **C** uscito

9. Le ho … poco fa.
   - **A** incontrate
   - **B** incontrato
   - **C** incontrati

Astuce Certains verbes italiens sont pronominaux alors que leurs correspondants français ne le sont pas, comme **dimenticarsi**, *oublier* : **Mi sono dimenticato di telefonarti**, *J'ai oublié de te téléphoner*. Remarquez aussi la construction pronominale des verbes dont le C.O.D. est une partie du corps (**mi lavo i denti**, *je me lave les dents*) ou un objet strictement personnel (**mi metto le scarpe**, *je mets mes chaussures*). Dans tous ces cas, le participe passé s'accorde avec le sujet : **Luisa si è dimenticata**, *Luisa a oublié* (litt. « s'est oubliée ») ; **Antonella si è messa le scarpe**, *Antonella a mis ses* (litt. « s'est mise les ») *chaussures*.

Module 22
LE BASI

Focus Verbes semi-auxiliaires

Choisissez la bonne réponse pour chaque phrase de ce dialogue.

1. Come faccio a montare questa cosa che ho ordinato?

    A Devi leggere le istruzioni!

    B Potevano leggere le istruzioni!

    C Sapete leggere le istruzioni!

2. Non trovo più il foglio delle istruzioni!

    A Ma insomma, vogliono stare più attenta!

    B Ma insomma, sapeva stare più attenta!

    C Ma insomma, potresti stare più attenta!

3. Mi aiuti per favore?

    A Va bene, sai dov'è un cacciavite?

    B Va bene, vuoi dov'è un cacciavite?

    C Va bene, sapete dov'è un cacciavite?

4. Ho dimenticato dove ho messo gli attrezzi. Come possiamo fare?

    A Voglio venire da me? Io ho una cassetta di attrezzi e so dov'è!

    B Vuoi venire da me? Io ho una cassetta di attrezzi e so dov'è!

    C Possono venire da me? Io ho una cassetta di attrezzi e so dov'è!

5. Perfetto! Però non ricordo dove ho messo le chiavi della macchina!

    A Non puoi continuare così! Saresti fare una cura per la memoria!

    B Non può continuare così! Dovreste fare una cura per la memoria!

    C Non puoi continuare così! Dovresti fare una cura per la memoria!

Corrigé page 261

Module 22
LE BASI

Corrigé page 261

Complétez avec le verbe irrégulier qui convient.

1. Anna, la chiave non gira e non ... entrare.
   - **A** dovete
   - **B** possiamo
   - **C** deve

2. La serratura è bloccata. Luca, ... smontarla!
   - **A** dovete
   - **B** vogliono
   - **C** devi

3. Io non ... smontare le serrature.
   - **A** puoi
   - **B** so
   - **C** sanno

4. Non ... provare con un cacciavite?
   - **A** vuoi
   - **B** voglio
   - **C** deve

5. No, però ... provare a telefonare in ferramenta.
   - **A** sanno
   - **B** vorrei
   - **C** sai

6. Il tecnico ... risolvere il problema senza danneggiare la porta!
   - **A** saprà
   - **B** vogliono
   - **C** dovete

Complétez avec la forme correcte du verbe (attention au choix de l'auxiliaire).

1. Susanna ... montare l'armadietto.
   - **A** è voluto
   - **B** ha voluto
   - **C** è voluta

2. Marco e Antonio ... portare la cassetta degli attrezzi.
   - **A** hanno dovuto
   - **B** sono dovuto
   - **C** hanno dovuti

3. Antonio ... ritornare a casa.
   - **A** è dovuto
   - **B** hanno dovuto
   - **C** è dovuta

4. Marco ... risolvere il problema.
   - **A** ha saputo
   - **B** ha saputi
   - **C** è saputo

5. Susanna ... ringraziarlo.
   - **A** sarebbe voluta
   - **B** sarebbe voluto
   - **C** avrebbe voluto

Module 22
LE BASI

6. Angelo e Luca non ... arrivare prima.
   - **A** erano potuti
   - **B** avevano potuti
   - **C** erano potuto

Complétez avec la forme correcte du verbe (attention à l'accord du participe passé).

Corrigé page 261

1. ... che Sara è rimasta bloccata in ascensore?
   - **A** Avete saputo
   - **B** Siete saputi

2. Noi siamo saliti per le scale, ma lei non ... .
   - **A** è voluta.
   - **B** ha voluto.

3. Volevo fermarla, ma non ... .
   - **A** ho potuta.
   - **B** ho potuto.

4. Non volevano riparare l'ascensore, ma ...
   - **A** hanno dovuto.
   - **B** sono dovuti.

5. L'... anche il direttore, che ha sentito suonare l'allarme!
   - **A** è saputo
   - **B** ha saputo

> **Astuce** Les verbes semi-auxiliaires **dovere**, **potere**, **sapere** et **volere** utilisent l'auxiliaire du verbe qu'ils accompagnent, alors qu'employés seuls, ils forment leurs temps composés avec l'auxiliaire **avere**, comme leurs correspondants français. C'est pourquoi on les trouve parfois utilisés avec **avere**, même quand ils précèdent un verbe qui demande l'auxiliaire **essere**. On peut donc dire aussi bien **abbiamo voluto partire** que **siamo voluti partire**, *nous avons voulu partir*. Bien sûr, le participe passé ne s'accorde avec le sujet que si l'auxiliaire est **essere**.

Trouvez la forme verbale erronée.

1. Non ... venire da sola.
   - **A** ha voluto
   - **B** ha voluta
   - **C** è voluta

Module 22
LE BASI

Corrigé page 261

2. Luca e Andrea ... partire presto.
   - **A** sono dovuto
   - **B** hanno dovuto
   - **C** sono dovuti

3. Le ragazze non ... arrivare in tempo.
   - **A** sono potute
   - **B** hanno potute
   - **C** hanno potuto

4. I tecnici dell'ascensore ... venire subito.
   - **A** sono potuto
   - **B** sono potuti
   - **C** hanno potuto

5. Non ... uscire dall'ascensore.
   - **A** aveva saputo
   - **B** aveva saputa
   - **C** era saputa

Complétez avec la forme correcte du verbe.

1. Avevo dimenticato dei documenti in ufficio e ... andare a prenderli.
   - **A** sono voluti
   - **B** ho voluta
   - **C** ho voluto

2. Arrivata lì, non ... entrare perché non so il codice a memoria.
   - **A** sono potuta
   - **B** sono potuto
   - **C** ho potuta

3. Quindi ... telefonare a un collega per chiedere il codice.
   - **A** sono dovuta
   - **B** ho dovuto
   - **C** ho dovuta

4. Il collega non ... aiutarmi perchè lo aveva dimenticato.
   - **A** ha saputo
   - **B** è saputo
   - **C** è saputa

Module 22
LE BASI

5. Alla fine ... tornare a casa senza i documenti da completare.
   - **A** sono dovuto
   - **B** ho dovuta
   - **C** sono dovuta

6. Il giorno dopo ... lavorare il doppio.
   - **A** sono dovuto
   - **B** ho dovuto
   - **C** ho dovuta

7. Adesso però ... ripetere il codice perfettamente a memoria!
   - **A** so
   - **B** sono saputo
   - **C** ho saputa

Focus Vocabulaire : le bricolage

Trouvez le mot correspondant à chaque définition.

Corrigé page 261

1. Persona competente nelle cose pratiche.
   - **A** professore
   - **B** tecnico
   - **C** medico

2. Serve per battere un chiodo.
   - **A** martello
   - **B** cacciavite
   - **C** trapano

3. Attrezzo per girare le viti.
   - **A** chiave
   - **B** cacciavite
   - **C** coltello

4. Ci si ripongono gli attrezzi.
   - **A** credenza
   - **B** cassetta
   - **C** libreria

5. Serve per fare buchi.
   - **A** martello
   - **B** trapano
   - **C** serratura

6. Serve per aprire la porta.
   - **A** chiave
   - **B** spinta
   - **C** piede

7. Serve per aprire senza far suonare l'allarme.
   - **A** trapano
   - **B** codice
   - **C** martello

8. Si seguono per montare qualcosa.
   - **A** attrezzi
   - **B** orari
   - **C** istruzioni

9. Ci si mettono piatti, tazze e bicchieri.
   - **A** credenza
   - **B** cassetta
   - **C** serratura

Module 22
LE BASI

Astuce Quand l'auxiliaire est **avere**, le participe passé s'accorde toujours avec le C.O.D. si celui-ci est placé avant le verbe, même si ce n'est pas le C.O.D. du verbe en question : **Gli attrezzi, li avresti dovuti riporre subito nella cassetta**, *Les outils, tu aurais dû les ranger tout de suite dans leur caisse* (**dovuti** est accordé avec le pronom **li** même si ce n'est pas le C.O.D. du verbe **dovere**).

Focus Exercices de traduction

Corrigé page 261

Choisissez la bonne traduction en italien.

1. Je n'ai pas pu entrer parce que je ne connaissais pas le code par cœur.

    A Non ho potuta entrare perché non sapevo il codice per cuore.

    B Non sono potuta entrare perché non sapevo il code per memoria.

    C Non sono potuta entrare perché non sapevo il codice a memoria.

2. Anna a oublié sa tablette et elle n'a pas pu travailler sur ce document.

    A Anna si è dimenticata il tablet e non ha potuto lavorare su quel documento.

    B Anna si è dimenticato il tablet e non lavora su quel documento.

    C Anna si ha dimenticata il tablet e non è potuta lavorare su quel documento.

3. Pour démonter la serrure, il faut un tournevis et un marteau.

    A Per smontare la serratura bisogna un cacciavite e un martello.

    B Per demontare la serratura ci vuole un cacciavite e un martello.

    C Per smontare la serratura ci vogliono un cacciavite e un martello.

4. Simona s'est lavé les dents et a mis son manteau.

    A Simona si è lavata i denti e si è messa il cappotto.

    B Simona si è lavati i denti e ha messa il cappotto.

    C Simona ha lavata i denti e si ha messo il cappotto.

5. Pour ouvrir la porte, il faut tourner la clé et tirer la poignée.

    A Per aprire la porta ci vuole girare la chiave e tirare la pogna.

    B Per aprire la porta bisogna girare la chiave e tirare la maniglia.

    C Per aprire la porta bisogni girare le chiave e tirare la maniglia.

Module 22
LE BASI

Choisissez la bonne traduction en italien.

1. Elena n'a pas su ouvrir la porte.

    A Elena non è saputa aprire la porte.

    B Elena non ha saputo aprire la porta.

    C Elena non è saputo aprire la porta.

Corrigé page 261

2. Nous avons oublié que nous avions rendez-vous.

    A Abbiamo dimenticati che avevano appuntamento.

    B Ci siamo dimenticati che avevamo appuntamento.

    C Ci abbiamo dimenticato che avevamo appuntamento.

3. Nous sommes désolés, nous n'avons pas pu arriver avant.

    A Ci dispiace, non siamo potuti arrivare prima.

    B Mi dispiace, non sono potuti arrivare prima.

    C Siamo dispiace, non abbiamo potuti arrivare prima.

4. Ma fille s'est fait mal à la main.

    A Mia figlia si ha fatto male alla mano.

    B Mia figlia si ha fatta male alle mano.

    C Mia figlia si è fatta male alla mano.

5. Elle n'a pas su venir toute seule.

    A Non è saputa venire da sola.

    B Non ha saputa venire da sola.

    C Non è saputo venire da soli.

6. Il faut taper le code sur le clavier.

    A Bisogna sbattere il codice su tastiero.

    B Bisogna digitare il codice sulla tastiera.

    C Deve digitare il code sulla tastiera.

Module 22
VOCABOLARIO E FRASI IDIOMATICHE

Verbes

battere	*taper*
danneggiare	*endommager*
dimenticare	*oublier*
fermare	*arrêter*
girare	*tourner*
montare	*monter*
ordinare	*commander*
riparare	*réparer*
riporre	*ranger*
risolvere	*résoudre*
salire	*monter*
schiacciare	*écraser*
seguire	*suivre*
smontare	*démonter*
suonare	*sonner*

Noms et adjectifs

l'allarme (m.)	*l'alarme*
l'armadietto (m.)	*la petite armoire*
l'armadio (m.)	*l'armoire*
l'ascensore	*l'ascenseur*
attento	*attentif*
bloccato	*bloqué*
il buco	*le trou*
il cacciavite	*le tournevis*

Module 22
VOCABOLARIO E FRASI IDIOMATICHE

il cappotto	*le manteau*
la cassetta	*la boîte*
la chiave	*la clé*
il chiodo	*le clou*
il codice	*le code*
il coltello	*le couteau*
la credenza (f.)	*le placard*
la cura	*la cure*
la ferramenta	*la quincaillerie*
il foglio (m.)	*la feuille*
l'istruzione	*l'instruction*
la libreria	*la bibliothèque* (meuble)
la maniglia	*la poignée*
la memoria	*la mémoire*
il martello	*le marteau*
il pacco	*le paquet*
il piatto (m.)	*l'assiette*
la serratura	*la serrure*
la spinta	*la poussée*
la tazza	*la tasse*
il tecnico	*le technicien*
il trapano (m.)	*la perceuse*
l'ufficio	*le bureau*
la vite	*la vis*

Adverbes et locutions

a memoria	*par cœur*
subito	*tout de suite*

Module 22
CORRIGÉ

Le basi

PAGE 251
Accord du participe passé
1 C 2 A 3 A 4 B 5 C 6 C 7 B 8 B 9 A

PAGES 252-255
Verbes semi-auxiliaires
1 A 2 C 3 A 4 B 5 C
1 B 2 C 3 B 4 A 5 B 6 A
1 B 2 A 3 A 4 A 5 C 6 A
1 A 2 B 3 B 4 A 5 B
1 B 2 A 3 B 4 A 5 B
1 C 2 A 3 B 4 A 5 C 6 B 7 A

PAGE 256
Vocabulaire : le bricolage
1 B 2 A 3 B 4 B 5 B 6 A 7 B 8 C 9 A

PAGES 257-258
Exercices de traduction
1 C 2 A 3 C 4 A 5 B
1 B 2 B 3 A 4 C 5 A 6 B

Vous avez obtenu entre 0 et 18 ? Reprenez chaque question en regardant les endroits où vous avez fait des erreurs.

Vous avez obtenu entre 19 et 34 ? C'est très moyen, mais ne vous découragez pas.

Vous avez obtenu entre 35 et 52 ? Formidable ! Analysez les erreurs et, si besoin, révisez la ou les notions que vous ne maîtrisez pas complètement.

Vous avez obtenu 53 et plus ? Bravissimo!

Module 23
LE BASI

Focus *C'è* et *ci sono* conjugués selon plusieurs temps et modes

Choisissez la bonne réponse pour chaque phrase de ce dialogue.

Corrigé page 273

1. Guarda Aurelio che bello questo albergo!
   - **A** Bellissimo, c'è anche un giardino per la prima colazione.
   - **B** Bellissimo, c'è stata anche un giardino per la prima colazione.
   - **C** Bellissimo, c'erano anche un giardino per la prima colazione.

2. Potremmo prenotare una stanza per stanotte.
   - **A** Forse non c'erano stanze libere!
   - **B** Forse non c'era stanze libere!
   - **C** Forse non ci saranno stanze libere!

3. È vero che siamo in alta stagione, ma chiediamo lo stesso.
   - **A** Magari c'è stata una disdetta all'ultimo momento!
   - **B** Magari c'erano stata una disdetta all'ultimo momento!
   - **C** Magari ci sarebbero stata una disdetta all'ultimo momento!

4. Buongiorno, avete una camera per stanotte, per favore?
   - **A** C'era stata una camera matrimoniale che si è liberata proprio ora.
   - **B** Ci saranno una camera matrimoniale che si è liberata proprio ora.
   - **C** Ci sarebbe una camera matrimoniale che si è liberata proprio ora.

5. Siamo proprio fortunati, la prendiamo al volo.
   - **A** È piccola, ma c'è due grandi finestre con vista mare.
   - **B** È piccola, ma ci sarebbe stato due grandi finestre con vista mare.
   - **C** È piccola, ma ci sono due grandi finestre con vista mare.

Astuce L'adverbe **magari** indique tantôt un souhait (**Vieni al mare con noi domani? – Magari! Purtroppo devo lavorare**, *Tu viens à la mer avec nous demain ? – Ce serait bien ! Malheureusement, je dois travailler*), tantôt une hypothèse (**Magari verrai con noi la prossima volta**, *Peut-être viendras-tu avec nous la prochaine fois*).

Module 23
LE BASI

*Complétez avec le verbe **c'è** ou **ci sono** conjugué comme il convient.*

1. Buongiorno, ... camere singole libere nel vostro albergo in giugno?
   - **A** ci sono stati
   - **B** c'è
   - **C** ci sono

2. ... l'ultima fino a poco fa, ma è appena stata prenotata.
   - **A** C'era
   - **B** Ci sono
   - **C** Ci saranno

3. Non ... una camera, anche solo per un giorno?
   - **A** c'è
   - **B** c'erano state
   - **C** ci sono

4. No, ma se ... una disdetta la avviserò.
   - **A** ci sono state
   - **B** ci sarà
   - **C** c'era

5. E ... una camera con balcone a inizio settembre?
   - **A** c'erano
   - **B** ci sarebbe
   - **C** ci saranno

6. ... due singole, preferisce quella a lato sud o quella a lato ovest?
   - **A** Ci sarebbero
   - **B** Ci sarebbe
   - **C** C'era

7. A ovest ... la vista sulle montagne, prendo quella!
   - **A** ci saranno
   - **B** c'è stata
   - **C** c'è

8. A settembre ... anche meno confusione, perché è bassa stagione!
   - **A** ci sarà
   - **B** ci sarà stato
   - **C** c'erano

> **Astuce** L'adverbe **fa** (il s'agit en réalité du verbe **fare** à la troisième personne du singulier au présent de l'indicatif, mais utilisé comme un adverbe) placé après une expression de temps signifie *il y a* : **Ci siamo stati un mese fa**, *Nous y avons été il y a un mois* ; **L'ho vista poco fa**, *Je l'ai vu(e) il y a un instant (peu)*.

Choisissez la phrase au futur correspondant à celle donnée à l'imparfait (attention à la personne).

1. In agosto c'era molta gente in questo albergo.
   - **A** In agosto ci sarà molta gente in questo albergo.
   - **B** In agosto c'erano molta gente in questo albergo.
   - **C** In agosto ci saranno molta gente in questo albergo.

Corrigé page 273

Module 23
LE BASI

2. In estate c'erano i tavolini per la prima colazione all'aperto.

    A In estate ci sono i tavolini per la prima colazione all'aperto.

    B In estate ci saranno i tavolini per la prima colazione all'aperto.

    C In estate c'erano stati i tavolini per la prima colazione all'aperto.

3. Nel fine settimana c'erano tutte le camere occupate.

    A Nel fine settimana ci saranno tutte le camere occupate.

    B Nel fine settimana ci sarebbero tutte le camere occupate.

    C Nel fine settimana ci saranno state tutte le camere occupate.

4. C'era solo una singola libera.

    A Ci sono solo una singola libera.

    B Ci sarebbe stata solo una singola libera.

    C Ci sarà solo una singola libera.

5. A cena c'erano anche piatti di pesce durante la bella stagione.

    A A cena c'erano stati anche piatti di pesce durante la bella stagione.

    B A cena ci sarebbero anche piatti di pesce durante la bella stagione.

    C A cena ci saranno anche piatti di pesce durante la bella stagione.

Astuce **La gente** (féminin singulier) signifie *les gens* : **La gente va in vacanza in estate**, *Les gens vont en vacances l'été.*

Focus Verbe *venire* indiquant un prix

Trouvez la phrase qui ne signifie PAS la même chose que celle indiquée.

1. Per chiedere il prezzo di una camera matrimoniale a notte.

    A Quanto viene a notte la matrimoniale?

    B Quanto costa a notte la matrimoniale?

    C Quanto va a notte la matrimoniale?

Corrigé page 273

Module 23
LE BASI

2. Per chiedere il costo di una settimana al bed and breakfast.

   A Quanto spende una settimana nel vostro b&b?

   B Quanto viene una settimana nel vostro b&b?

   C Quanto costa una settimana nel vostro b&b?

   Corrigé page 273

3. Per chiedere il prezzo di tre notti nella camera singola.

   A Quanto costano tre notti nella singola?

   B Quanto vanno tre notti nella singola?

   C Quanto vengono tre notti nella singola?

4. Per dire che in bassa stagione le camere sono a metà prezzo.

   A In bassa stagione le camere pagano la metà.

   B In bassa stagione le camere vengono la metà.

   C In bassa stagione le camere costano la metà.

5. Per dire che il prezzo della singola è più basso di quello della doppia.

   A La singola costa meno della doppia.

   B La singola viene meno della doppia.

   C La singola esce meno della doppia.

Focus Verbes irréguliers : *piacere*, *scegliere*, *tenere*, *valere*

Complétez avec la forme correcte du verbe.

1. Forse non ... la pena venire fin qui per così poco.

   A valeva   **B** vaglia   **C** valgono

2. ... la camera con il balcone e il frigobar.

   A Scelgo   **B** Scelgo   **C** Scelso

3. Ci ... cenare all'aperto.

   A piaceresse   **B** piacerebbe   **C** piaceremmo

Module 23
LE BASI

4. Si ricordi che ... molto alla vista sul mare!
   - **A** teno
   - **B** tieno
   - **C** tengo

5. I signori ... sempre la camera con aria condizionata e wi-fi.
   - **A** scelgono
   - **B** scegliono
   - **C** scengono

Astuce Le verbe **valere** est utilisé dans une construction impersonnelle dans l'expression **vale la pena**, *ça vaut la peine*.

Complétez avec le participe passé qui convient.

Corrigé page 273

1. La vacanza in questo albergo gli è ... moltissimo.
   - **A** piacita
   - **B** piaciuta

2. Hanno ... un albergo a cinque stelle.
   - **A** scelto
   - **B** scegliuto

3. Ci abbiamo ... ad andare in un albergo con la mezza pensione.
   - **A** tenguto
   - **B** tenuto

4. Il pernottamento in quell'albergo non è ... quello che è costato.
   - **A** valuto
   - **B** valso

5. Mi è ... di più l'alberghetto a una stella vicino al mare.
   - **A** piaciuto
   - **B** piacuto

6. Anche se l'albergatore si fidava, ci ho ... a mandare una caparra.
   - **A** tenito
   - **B** tenuto

Astuce Le verbe **tenere** est précédé du pronom **ci**, *y* dans l'expression **ci tengo**, *j'y tiens*.

Module 23
LE BASI

Focus Vocabulaire : l'hôtellerie

Choisissez la bonne fin de chaque mot.

1. CA-
   - **A** -parra
   - **B** -rrapa
   - **C** -rpara

2. PRE-
   - **A** -zionotane
   - **B** -notazione
   - **C** -tanenozio

3. SI-
   - **A** -lango
   - **B** -golna
   - **C** -ngola

4. FR-
   - **A** -igobar
   - **B** -abrogi
   - **C** -obirga

5. MAT-
   - **A** -reniolima
   - **B** -rimoniale
   - **C** -olerimani

Trouvez le mot correspondant à chaque devinette.

Corrigé page 273

1. Indicano la qualità di un albergo.
   - **A** asterischi
   - **B** lune
   - **C** stelle

2. In un albergo può essere sul mare.
   - **A** barca
   - **B** onda
   - **C** vista

3. Aumenta il comfort della camera d'albergo.
   - **A** aria condizionata
   - **B** caparra
   - **C** autostrada

4. Può essere richiesta per fare una prenotazione in un albergo.
   - **A** busta
   - **B** portafoglio
   - **C** caparra

5. Solitamente è compresa con il pernottamento in albergo.
   - **A** colazione
   - **B** mostra
   - **C** gita

Module 23
LE BASI

Focus | **Exercice de traduction**

Corrigé page 273

Choisissez la bonne traduction en italien.

1. D'habitude nous demandons une avance de dix pour cent, mais vous êtes un client régulier et nous avons confiance en vous.

    A Da solito chiediamo un anticipo del dieci per cento, ma lei è un cliente abituale e vi fidiamo di noi.

    B Di solito chiediamo un anticipo del dieci per cento, ma lei è un cliente abituale e ci fidiamo di lei.

    C Per solito chiediamo un'avanza del dieci per cento, ma lei è un cliente abituale e lo fidiamo.

2. Je voudrais réserver une chambre double avec un grand lit et vue sur la mer.

    A Vorrei prenotare una camera matrimoniale con vista sul mare.

    B Voglio prenotare una camera doppia con letto grande e vedo sul mare.

    C Vuole prenotare una camera singola con vediamo la mare.

3. La chambre est spacieuse et silencieuse, et le prix comprend le petit-déjeuner.

    A La camera è spaziata e silenziata, e nel prezzo è compreso il piccolo colazione.

    B La camera è granda e silente, e nel prezzo è compresa la prima colazione.

    C La camera è spaziosa e silenziosa, e nel prezzo è compresa la prima colazione.

4. Beaucoup de clients nous choisissent pour notre excellente cuisine de poisson.

    A Molti clienti ci scelgono per l'ottima cucina di pesce.

    B Molti clienti ci scelgono per l'ottima cugina di pesci.

    C Molti clienti li scelgiono per l'ottima cucina di pesce.

Module 23
LE BASI

5. Il y a des gens qui vont dans cet hôtel parce qu'ils tiennent à bien manger.

   A Ci sono gente che vanno in quell'albergo perché tengono a mangiare bene.

   B C'è genti che va in quell'albergo perché tiene a bene mangiare.

   C C'è gente che va in quell'albergo perché ci tiene a mangiare bene.

Astuce Le verbe pronominal **fidarsi**, *avoir confiance*, est suivi de la préposition **di** et du nom (ou du pronom en forme tonique) de la personne en qui on a confiance : **mi fido di te**, *j'ai confiance en toi* (littéralement « je me fie de toi »).

Choisissez la bonne traduction en italien.

Corrigé page 273

1. Ils n'ont jamais eu confiance en eux.

   A Non ci sono mai fidati di lui.

   B Non si sono mai fidati di loro.

2. J'aurais eu davantage confiance en lui qu'en toi.

   A Mi sarei fidato più di lui che di te.

   B Mi sarebbe più fidato di lei che di tu.

3. Elle avait eu confiance en toi.

   A Si era fidato di ti.

   B Si era fidata di te.

4. Il a choisi cet hôtel parce qu'il a confiance dans le propriétaire.

   A Ha scelto quell'hotel perché si fida dell'albergatore.

   B Ha sceglio quell'hotel perché mi fida dell'albergatore.

5. Dites-lui que j'ai confiance en lui, j'y tiens !

   A Ditele che mi fida di lui, ci tieno!

   B Ditegli che mi fido di lui, ci tengo!

Module 23
VOCABOLARIO E FRASI IDIOMATICHE

Verbes

D'autres verbes irréguliers :

piacere *plaire*	**scegliere** *choisir*	**tenere** *tenir*	**valere** *valoir*
(io) piaccio	(io) scelgo	(io) tengo	(io) valgo
(tu) piaci	(tu) scegli	(tu) tieni	(tu) vali
(lui, lei, si) piace	(lui, lei, si) sceglie	(lui, lei, si) tiene	(lui, lei, si) vale
(noi) piacciamo	(noi) scegliamo	(noi) teniamo	(noi) valiamo
(voi) piacete	(voi) scegliete	(voi) tenete	(voi) valete
(loro) piacciono	(loro) scelgono	(loro) tengono	(loro) valgono

Le futur de **tenere** est **terrò** et de **valere** est **varrò**.
Le participe passé de **scegliere** est **scelto** et de **valere** est **valso**.
Les autres formes sont régulières.

avvisare	*prévenir*
fidarsi (di)	*avoir confiance (en)*
prenotare	*réserver*

Noms et adjectifs

abituale	*habituel*
l'albergo	*l'hôtel*
l'albergatore	*l'hôtelier, le propriétaire de l'hôtel*
l'anticipo (m.)	*l'avance*
l'aria condizionata (f.)	*l'air conditionné*
il balcone	*le balcon*
la barca (f.)	*le bateau*
la busta	*l'enveloppe*
la caparra (sing.)	*les arrhes*
la (prima) colazione (f.)	*le petit-déjeuner*
compreso	*compris*

Module 23
VOCABOLARIO E FRASI IDIOMATICHE

il costo	*le coût*
la disdetta (f.)	*le désistement*
doppio	*double*
la finestra	*la fenêtre*
fortunato	*chanceux*
il frigobar	*le minibar*
la gente (f. sing.)	*les gens*
il giardino	*le jardin*
la gita	*l'excursion*
il lato	*le côté*
libero	*libre*
la luna	*la lune*
la metà	*la moitié*
il mare (m.)	*la mer*
la montagna	*la montagne*
la mostra	*l'exposition*
la notte	*la nuit*
occupato	*occupé*
l'onda	*la vague*
l'ovest	*l'ouest*
il pernottamento (m.)	*la nuitée*
il pesce	*le poisson*
il portafoglio	*le portefeuille*
il prezzo	*le prix*
primo	*premier*
la stanza	*la pièce*

Module 23
VOCABOLARIO E FRASI IDIOMATICHE

silenzioso	*silencieux*
spazioso	*spacieux*
la stella	*l'étoile*
il sud	*le sud*
ultimo	*dernier*
la vacanza (sing.)	*les vacances*
la vista	*la vue*

Locutions idiomatiques

all'aperto	*en plein air*
al volo	*à la volée*
la camera singola	*la chambre simple* (« individuelle »)
la camera doppia	*la chambre double* (avec deux lits)
la camera matrimoniale	*la chambre double avec un grand lit* (« conjugale »)
la mezza pensione	*la demi-pension*
sono fortunato	*j'ai de la chance* (je suis chanceux)

Module 23
CORRIGÉ

Le basi

VOTRE SCORE :

PAGES 262-263
C'è et ci sono conjugués selon plusieurs temps et modes
1**A** 2**C** 3**A** 4**C** 5**C**
1**C** 2**A** 3**A** 4**B** 5**B** 6**A** 7**C** 8**A**
1**A** 2**B** 3**A** 4**C** 5**C**

PAGE 264
Verbe **venire** indiquant un prix
1**C** 2**A** 3**B** 4**A** 5**C**

PAGES 265-266
Verbes irréguliers : **piacere**, **scegliere**, **tenere**, **valere**
1**A** 2**B** 3**B** 4**C** 5**A**
1**B** 2**A** 3**B** 4**B** 5**A** 6**B**

PAGE 267
Vocabulaire : l'hôtellerie
1**A** 2**B** 3**C** 4**A** 5**B**
1**C** 2**C** 3**A** 4**C** 5**A**

PAGES 268-269
Exercices de traduction
1**B** 2**A** 3**C** 4**A** 5**C**
1**B** 2**A** 3**B** 4**A** 5**B**

Vous avez obtenu entre 0 et 14 ? Reprenez chaque question en regardant les endroits où vous avez fait des erreurs.

Vous avez obtenu entre 15 et 30 ? C'est très moyen, mais ne vous découragez pas.

Vous avez obtenu entre 31 et 45 ? Formidable ! Analysez les erreurs et, si besoin, révisez la ou les notions que vous ne maîtrisez pas complètement.

Vous avez obtenu 46 et plus ? Bravissimo!

Module 24
LE BASI

Focus Subjonctif présent

Corrigé page 286

Choisissez la réponse avec la forme correcte du verbe au subjonctif présent.

1. Ho il treno alle 12.40, quanto tempo ci vuole per andare in stazione?

   A Venti minuti, perciò penso che tu devi andare subito.

   B Venti minuti, perciò penso che tu debba andare subito.

   C Venti minuti, perciò penso che tu dova andare subito.

2. Preferisci che venga con te o ti chiamo un taxi?

   A Temo sia complicato andare sul binario con otto bagagli!

   B Temo sona complicato andare sul binario con otto bagagli!

   C Temo essa complicato andare sul binario con otto bagagli!

3. Potresti accompagnarmi?

   A Certo, anche se non capisco a cosa ti servi tutta questa roba.

   B Certo, anche se non capisco a cosa ti serva tutta questa roba.

   C Certo, anche se non capisco a cosa ti servisca tutta questa roba.

4. Mentre io parcheggio, vuoi scendere e andare a fare il biglietto?

   A Sì, ma spero tu riusca a raggiungermi in tempo con tutti i bagagli.

   B Sì, ma spero tu riusci a raggiungermi in tempo con tutti i bagagli.

   C Sì, ma spero tu riesca a raggiungermi in tempo con tutti i bagagli

5. Eccomi, sono distrutto. Ma non è ancora stato annunciato il treno?

   A No, sembra che avia un ritardo di 15 minuti.

   B No, sembra che abbia un ritardo di 15 minuti.

   C No, sembra che habbia un ritardo di 15 minuti.

> **Astuce** Souvenez-vous qu'il faut un verbe au subjonctif dans la proposition subordonnée quand, dans la principale, il y a un verbe indiquant un doute (**dubitare**, *douter*), une opinion (**pensare**, *penser* ; **credere**, *croire*), une impression personnelle (**sembrare**, *sembler*) ou un sentiment (**temere**, *craindre* ; **essere contento**, *être content*). Bref, quand la phrase se situe dans le domaine du « subjectif ».

Module 24
LE BASI

Complétez avec la forme correcte du verbe au subjonctif présent.

1. Sono contento che vi ... questi posti.
   - **A** piacerino
   - **B** piaccano
   - **C** piacciano

2. Spero tanto che ... ancora a trovarci!
   - **A** venirate
   - **B** veniate
   - **C** vengate

3. Mi pare che questo ... il nostro treno, una freccia bianca.
   - **A** siate
   - **B** sona
   - **C** sia

4. Credo che i nostri posti si ... in coda, vagone 12.
   - **A** trovavano
   - **B** trovino
   - **C** troviano

5. A me invece sembra che ... in carrozza 4, posto 12.
   - **A** essiate
   - **B** siate
   - **C** sonate

6. Presto, salite ! Spero ... buon viaggio !
   - **A** farate
   - **B** facciate
   - **C** fannate

7. Arrivederci! Dite a Giulio che ... anche lui la prossima volta.
   - **A** venga
   - **B** venia
   - **C** viena

Astuce Le frecce (au singulier **la freccia**, litt. « la flèche ») sont les trains à grande vitesse. Leur couleur blanche ou rouge indique le plus **(freccia bianca)** ou moins **(freccia rossa)** grand nombre de gares dans lesquelles ils s'arrêtent au cours de leur trajet.

Complétez avec la forme correcte du verbe au subjonctif présent.

Corrigé page 286

1. Dubito che Marta ... l' aereo.
   - **A** prenda
   - **B** prendia

2. Credo si ... pagare il biglietto sia con la carta che coi contanti.
   - **A** puoia
   - **B** possa

3. Penso che l'aereo ... tra un'ora.
   - **A** decolli
   - **B** decollari

> **Module 24**
> LE BASI

4. Immagino che il mio bagaglio si … in stiva perché è troppo grande.
   - **A** metti
   - **B** metta

5. Mi sembra che per imbarcarsi sul nostro aereo si … al gate F.
   - **A** vada
   - **B** andi

6. Immagino che tu ti … vicino all'oblò.
   - **A** sieda
   - **B** sedersi

Corrigé page 286

7. Bisogna che Francesco … in tempo per il check-in.
   - **A** arriva
   - **B** arrivi

8. Temo che l'aereo … leggermente in ritardo.
   - **A** sei
   - **B** sia

> **Astuce** Remarquez l'emploi fréquent de mots anglais dans le domaine des voyages en avion. Par exemple : **il check-in**, *l'enregistrement* ou **il gate**, *la porte d'embarquement*.

Focus Impératif de politesse

Choisissez la forme de politesse correspondant à celle informelle donnée.

1. Va' al gate G per prendere il tuo aereo !
   - **A** Vada al gate G, signore, per prendere il suo aereo !
   - **B** Vadi al gate G, signore, per prendere il suo aereo !
   - **C** Vai al gate G, signore, per prendere il suo aereo !

2. Metti il bagaglio a mano nel portabagagli in alto !
   - **A** Messa il bagaglio a mano nel portabagagli in alto, signora !
   - **B** Mette il bagaglio a mano nel portabagagli in alto, signora !
   - **C** Metta il bagaglio a mano nel portabagagli in alto, signora !

Module 24
LE BASI

Corrigé page 286

3. Allacciati la cintura di sicurezza!

   A Si allaccia la cintura di sicurezza!

   B Si allacci la cintura di sicurezza!

   C Allacciasse la cintura di sicurezza!

4. Dammi la tua carta di imbarco!

   A Mi dia la sua carta di imbarco, grazie!

   B Datemi la sua carta di imbarco, grazie!

   C Mi dara la sua carta di imbarco, grazie!

5. Non slacciarti la cintura durante il decollo!

   A Non si slaccia la cintura durante il decollo, signore!

   B Non si slaccari la cintura durante il decollo, signore!

   C Non si slacci la cintura durante il decollo, signore!

Astuce L'impératif de politesse est en réalité un subjonctif présent. La forme de la politesse étant une troisième personne du singulier correspondant à un ancien **Vostra Signoria** *(Votre Seigneurie)*, l'impératif **entri** *(entrez)*, par exemple, correspondrait mot à mot à l'expression *que Votre Seigneurie entre*... Forme utilisée à la fois pour s'adresser à un homme et à une femme, elle s'accorde néanmoins toujours au féminin aux temps composés (bien que cette règle ne soit pas toujours respectée dans le langage parlé). Les formes pronominales sont celles de la troisième personne du singulier : **si alzi**, *levez-vous*.

Focus Verbes irréguliers : *morire*, *tacere*, *togliere*

Complétez avec la forme correcte du verbe au présent de l'indicatif.

1. Preferisco il treno perché in aereo ... dalla paura.

   A muoio **B** muoro **C** moro

2. Adesso ... la valigia dal portabagagli.

   A toglio **B** togliao **C** tolgo

Module 24
LE BASI

3. Finalmente si sono addormentati e … !
   - **A** tacciono
   - **B** taceno
   - **C** taciscono

4. Sara e Vanessa … di paura perché durante il volo ci sono delle turbolenze.
   - **A** muorono
   - **B** moriono
   - **C** muoiono

5. Alessio adesso … ma ha parlato per tutto il viaggio.
   - **A** tacisce
   - **B** tacce
   - **C** tace

6. Vanessa e Pietro si … la giacca perché in aereo fa caldo.
   - **A** togliscono
   - **B** tolgono
   - **C** togliono

Astuce Le complément circonstanciel de cause peut être introduit tantôt par la préposition simple **di**, tantôt par l'article contracté formé à partir de la préposition **da**, dans des expressions hyperboliques comme **morire di paura** ou **morire dalla paura**, *mourir de peur*, **morire di freddo** ou **morire dal freddo**, *mourir de froid*.

Choisissez la phrase au singulier correspondant à celle donnée au pluriel.

1. Voi morite di paura ogni volta che prendete l'aereo!
   - **A** Tu muoi di paura ogni volta che prendi l'aereo!
   - **B** Tu muori di paura ogni volta che prendi l'aereo!
   - **C** Tu mori di paura ogni volta che prendi l'aereo!

Corrigé page 286

2. Io e Sabrina in viaggio non tacciamo mai.
   - **A** Io in viaggio non taccio mai.
   - **B** Io in viaggio non tacio mai.
   - **C** Io in viaggio non taceo mai.

3. Voi vi togliete sempre le scarpe.
   - **A** Tu ti togliti sempre le scarpe.
   - **B** Tu ti toglie sempre le scarpe.
   - **C** Tu ti togli sempre le scarpe.

Module 24
LE BASI

4. I miei amici tacciono perché sono stanchi.

   A Il mio amico tace perché è stanco.

   B Il mio amico tacisce perché è stanco.

   C Il mio amico tacce perché è stanco.

5. Viaggiando in compagnia con voi, moriamo dal ridere.

   A Viaggiando in compagnia con voi, muorio dal ridere.

   B Viaggiando in compagnia con voi, muoio dal ridere.

   C Viaggiando in compagnia con voi, muoro dal ridere.

Corrigé page 286

Astuce L'italien utilise souvent des tournures pronominales là où le français ne les utilise pas, notamment avec des verbes ayant comme C.O.D. une partie du corps ou les vêtements : **mi tolgo le scarpe**, *j'enlève mes chaussures* (litt., « je m'enlève les chaussures ») ; **mi metto la giacca**, *je mets une veste* (litt. : « je me mets la veste ») ; **mi slaccio la cintura**, *je détache ma ceinture*. Retenez aussi des verbes italiens pronominaux qui ne le sont pas en français, comme **vergognarsi**, *avoir honte* et **dimenticarsi**, *oublier*. À l'inverse, **tacere**, *se taire*, n'est pas pronominal : **taci!**, *tais-toi !*

Complétez avec la forme correcte du verbe.

1. Spero che l'aereo non ... in ritardo.

   A atterra   **B** atterro   **C** atterri

2. Credo che il suo aereo ... alle dodici e trenta.

   A decolla   **B** decolli   **C** decolle

3. Al momento del decollo ... le cinture di sicurezza.

   A si allacciano   **B** ci allacciamo   **C** ci allaccimo

4. ... a dirlo, ma in aereo ... di paura.

   A Mi vergogno / muoio   **B** Vergognio / moro   **C** Ti vergogno / muoro

5. Speriamo che Sandro non ... che l'aereo parte tra mezz'ora!

   A si dimentica   **B** si dimentichi   **C** mi dimentichi

Module 24
LE BASI

Focus Vocabulaire : les voyages en train et en avion

Trouvez la devinette correspondant à chaque mot.

1. Binario:
   - **A** dove si mettono i bagagli.
   - **B** dove si sale sul treno.
   - **C** dove si fa il biglietto del treno.

2. Vagone:
   - **A** una delle parti che formano un treno.
   - **B** la persona che guida il treno.
   - **C** un bagaglio molto grande.

3. Freccia:
   - **A** stazione dei treni.
   - **B** biglietteria automatica.
   - **C** treno veloce con prenotazione obbligatoria.

4. Decollo:
   - **A** arrivo a terra dell'aereo.
   - **B** partenza da terra dell'aereo.
   - **C** tipo di aeroporto.

5. Imbarco:
   - **A** salita dei passeggeri a bordo dell'aereo.
   - **B** salita dei passeggeri a bordo dell'autobus.
   - **C** discesa dei passeggeri dal treno.

Corrigé page 286

Module 24
LE BASI

Trouvez le mot correspondant à chaque devinette.

1. Bisogna averla per volare.
   - **A** La carta d'imbarco
   - **B** La freccia rossa
   - **C** La valigia

2. Deve essere allacciata al decollo.
   - **A** La valigia
   - **B** La giacca
   - **C** La cintura

3. Il momento in cui l'aereo si dirige verso l'aeroporto.
   - **A** La partenza
   - **B** L'atterraggio
   - **C** Il decollo

4. Bisogna acquistarlo, obliterarlo e mostrarlo al controllore sul treno.
   - **A** Il binario
   - **B** Il bagaglio
   - **C** Il biglietto

5. Bisogna conoscerne il numero per andare a prendere il treno.
   - **A** Il telefono
   - **B** Il binario
   - **C** La stazione

Focus Exercice de traduction

Corrigé page 286

Choisissez la bonne traduction en italien.

1. Il faut arriver à l'aéroport une heure avant le décollage pour l'enregistrement, les contrôles de sécurité et l'embarquement.

   - **A** Bisogna arrivare in aeroporto un'ora prima del decollo per il check-in, i controlli di sicurezza e l'imbarco.
   - **B** Bisogno di arrivare in aeroporto un'ora prima del decollaggio per il check-in, i controlli di sicurezza e i imbarco.
   - **C** Bisogna arrivare in aeroporto un'ora avanti il decollo per il registro, i controlli di sicurezza e l'imbarcamento.

2. J'ai manqué le TGV et maintenant je dois prendre le train régional de 15h30.

   - **A** Ho mancato il freccia rossa e ora deve prendere il regionale di quindici e trenta.
   - **B** Ho perso la freccia rossa e ora devo prendere il regionale delle quindici e trenta.
   - **C** Ho perso la freccia rossa e ore devo prendere la regione della quindici e trenta.

Module 24
LE BASI

3. Monsieur, je regrette mais votre bagage est trop grand pour l'apporter en cabine, on doit le mettre dans la soute.

   A Signore, vostro bagaglio è troppo grande per portare la cabina, si deve mettere in la stiva.

   B Signore, il suo bagaglio è troppo grando per il portare in cabina, si deve mettere in stiva.

   C Signore, mi dispiace ma il suo bagaglio è troppo grande per portarlo in cabina, si deve mettere in stiva.

4. Je crois que votre train part dans dix minutes.

   A Credo che il suo treno parta tra dieci minuti.

   B Credo che suo treno parte tra dieci minuti.

   C Credo che il vostro treno parta in dieci minuti.

Corrigé page 286

5. J'ai lu dans le tableau des départs que notre train est en retard de vingt minutes.

   A Ho letto sul tabellone delle partenze che il nostro treno è in ritardo di venti minuti.

   B Ho letto sul tabello delle partenze che il nostro treno ha in ritardo di venti minuti.

   C Ho letto sul tabellone dei diparti che il nostro treno è al ritardo di venti minuti.

6. J'ai peur qu'il y ait une queue très longue au guichet, je vais à la billetterie automatique.

   A Ho paura che ci sia una fila lunghissima allo sportello, vado alla biglietteria automatica.

   B Ho paura che c'è una fila lungissima allo sportello, vado alla biglietteria automatica.

   C Ho paura che ci sia una fila lunghissima al sportello, vado a la biglietteria automatica.

Module 24
VOCABOLARIO E FRASI IDIOMATICHE

Verbes

Le subjonctif présent des verbes réguliers et des auxiliaires **essere** et **avere** :

parl**are**	prend**ere**	fin**ire**	part**ire**	essere	avere
p**a**rli	pr**e**nda	fin**i**sca	p**a**rta	s**i**a	**a**bbia
p**a**rli	pr**e**nda	fin**i**sca	p**a**rta	s**i**a	**a**bbia
p**a**rli	pr**e**nda	fin**i**sca	p**a**rta	s**i**a	**a**bbia
parl**ia**mo	prend**ia**mo	fin**ia**mo	part**ia**mo	s**ia**mo	abb**ia**mo
parl**ia**te	prend**ia**te	fin**ia**te	part**ia**te	s**ia**te	abb**ia**te
parl**ino**	pr**e**nd**ano**	fin**i**sc**ano**	p**a**rt**ano**	s**ia**no	**a**bbiano

Pour les verbes du 3ᵉ groupe en **-ire**, on retrouve le suffixe **-isc-** dans ceux qui le prennent au présent de l'indicatif. La voyelle soulignée est celle où tombe l'accent tonique.

Le subjonctif présent des verbes irréguliers :

Il se construit généralement sur la racine de la première personne de l'indicatif pour les trois personnes du singulier et la troisième personne du pluriel, et les première et deuxième personnes du pluriel sont régulières. Par exemple, **uscire**, sortir : **e**sca (présent de l'indicatif **e**sco) – **e**sca – **e**sca – usci**a**mo – usci**a**te – **e**scano.

D'autres verbes irréguliers au présent de l'indicatif :

morire, *mourir*	**tacere**, *se taire*	**togliere**, *enlever*
(io) muoio	**(io) taccio**	**(io) tolgo**
(tu) muori	**(tu) taci**	**(tu) togli**
(lui, lei, si) muore	**(lui, lei, si) tace**	**(lui, lei, si) toglie**
(noi) moriamo	**(noi) tacciamo**	**(noi) togliamo**
(voi) morite	**(voi) tacete**	**(voi) togliete**
(loro) muoiono	**(loro) tacciono**	**(loro) tolgono**

Le participe passé de **morire** est **morto**, de **tacere** est **taciuto** et de **togliere** est **tolto**.

addormentarsi	*s'endormir*
allacciare	*lacer, attacher*
annunciare	*annoncer*

Module 24
VOCABOLARIO E FRASI IDIOMATICHE

atterrare	*atterrir*
decollare	*décoller*
dubitare	*douter*
guidare	*conduire*
imbarcare	*embarquer*
immaginare	*imaginer*
obliterare	*composter*
parere	*paraître*
parcheggiare	*garer*
raggiungere	*rejoindre, atteindre*
sembrare	*sembler*
sperare	*espérer*
slacciare	*délacer, détacher*
temere	*craindre*
vergognarsi	*avoir honte*

Noms et adjectifs

l'aereo	*l'avion*
l'aeroporto	*l'aéroport*
automatico	*automatique*
il bagaglio	*le bagage*
la biglietteria	*la billetterie*
il biglietto	*le billet, le ticket*
il binario (m.)	*la voie*
la cabina	*la cabine*
la cintura	*la ceinture*
la carrozza	*la voiture, le wagon, le carrosse*
il check-in	*l'enregistrement* (à l'aéroport)
la coda	*la queue*
il controllo	*le contrôle*
il controllore	*le contrôleur*

Module 24
VOCABOLARIO E FRASI IDIOMATICHE

il decollo	le décollage
distrutto	détruit, crevé
la ferrovia (f.)	le chemin de fer
la fila	la queue, la file d'attente
la freccia	la flèche, le TGV
la giacca	la veste
l'imbarco	l'embarquement
obbligatorio	obligatoire
l'oblò	le hublot
la partenza (f.)	le départ
la paura	la peur
regionale	régional
il ritardo	le retard
la roba (f.)	le « truc », les affaires, la camelote
la sicurezza	la sécurité
la stazione	la gare
la stiva	la soute
il tabellone	le tableau
il treno	le train
la turbolenza	la turbulence (avion)
il vagone (m.)	la voiture (train), le wagon
la valigia	la valise
il viaggiatore	le voyageur
il viaggio	le voyage
il volo	le vol

Adverbes et locutions

andare ou venire a trovare qualcuno	aller ou venir voir quelqu'un
perdere il treno (l'aereo, etc.)	manquer le train (l'avion, etc.)
presto!	vite !

Module 24
CORRIGÉ

Le basi

VOTRE SCORE :

PAGES 274-275
Subjonctif présent
1 **B** 2 **A** 3 **B** 4 **C** 5 **B**
1 **C** 2 **B** 3 **C** 4 **B** 5 **B** 6 **B** 7 **A**
1 **A** 2 **B** 3 **A** 4 **B** 5 **A** 6 **A** 7 **B** 8 **B**

PAGE 276
Impératif de politesse
1 **A** 2 **C** 3 **B** 4 **A** 5 **C**

PAGES 277-279
Verbes irréguliers : **morire, tacere, togliere**
1 **A** 2 **C** 3 **A** 4 **C** 5 **C** 6 **B**
1 **B** 2 **A** 3 **C** 4 **A** 5 **B**
1 **C** 2 **B** 3 **A** 4 **A** 5 **B**

PAGES 280-281
Vocabulaire : les voyages en train et en avion
1 **A** 2 **A** 3 **C** 4 **B** 5 **A**
1 **A** 2 **C** 3 **C** 4 **C** 5 **B**

PAGE 281
Exercice de traduction
1 **A** 2 **B** 3 **C** 4 **A** 5 **A** 6 **A**

Vous avez obtenu entre 0 et 14 ? Reprenez chaque question en regardant les endroits où vous avez fait des erreurs.

Vous avez obtenu entre 15 et 30 ? C'est très moyen, mais ne vous découragez pas.

Vous avez obtenu entre 31 et 46 ? Formidable ! Analysez les erreurs et, si besoin, révisez la ou les notions que vous ne maîtrisez pas complètement.

Vous avez obtenu 47 et plus ? Bravissimo!

Module 25
LE BASI

Focus Subjonctif passé

Choisissez la phrase au subjonctif passé correspondant à celle donnée au subjonctif présent.

1. Caro Marco, mi sembra che tu mangi troppo.

   A Caro Marco, mi sembra che tu avia mangiato troppo.

   B Caro Marco, mi sembra che tu abbi mangiato troppo.

   C Caro Marco, mi sembra che tu abbia mangiato troppo.

Corrigé page 298

2. Spero che tu non faccia troppa vita sedentaria.

   A Spero che tu non abbia fatto troppa vita sedentaria.

   B Spero che tu non abbia facciuto troppa vita sedentaria.

   C Spero che tu non avia faruto troppa vita sedentaria.

3. Mi dispiace che tu non pratichi mai attività fisica.

   A Mi dispiace che tu non abbia mai praticato attività fisica.

   B Mi dispiace che tu non avvia mai praticato attività fisica.

   C Mi dispiace che tu non abbiate mai praticato attività fisica.

4. Credo che Teo e Lucia aprano una palestra. Perfetta per te!

   A Credo che Teo e Lia abbiano aprito una palestra. Perfetta per te!

   B Credo che Teo e Lia abbiano aperto una palestra. Perfetta per te!

   C Credo che Teo e Lia avviano aperto una palestra. Perfetta per te!

5. Credo, caro Alessio, che tu perda l'autobus, parlando...

   A Credo, caro Alessio, che tu abbia perso l'autobus, parlando...

   B Credo, caro Alessio, che tu abbia perdito l'autobus, parlando...

   C Credo, caro Alessio, che tu abbiano perso l'autobus, parlando...

Module 25
LE BASI

Complétez avec la forme correcte du verbe au subjonctif passé.

1. Mi dispiace che non … mai … sport in vita sua.
   - **A** Abbia … praticato
   - **B** abbi … pratichito
   - **C** ha … praticuto

2. Mi pare che … in una squadra di pallavolo o pallacanestro.
   - **A** giocheranno
   - **B** abbiano giocato
   - **C** abbino giocato

3. Mi sembra che Andrea … arti marziali per anni.
   - **A** abbiano fatto
   - **B** avia facciuto
   - **C** abbia fatto

4. Elena pensa che ieri io … a cavallo.
   - **A** sia andato
   - **B** ero andato
   - **C** sono andato

5. Spero che … l'abbonamento in palestra.
   - **A** abbino preso
   - **B** avino preso
   - **C** abbiano preso

6. Credo che … dei nuovi guantoni da boxe.
   - **A** abbia comprato
   - **B** avvia comprato
   - **C** ha comprato

> **Astuce** Comme en français, en italien, on utilise souvent le verbe **fare** dans le langage parlé pour évoquer une pratique sportive : **fare nuoto**, *faire de la natation*, **fare ginnastica**, *faire de la gymnastique*, **fare arti marziali**, *faire des arts martiaux*, etc.

Choisissez la phrase au subjonctif passé correspondant à la personne indiquée entre parenthèses.

1. Crede che loro siano andati a nuotare. (tu)
   - **A** Crede che tu sia andata a nuotare.
   - **B** Crede che tu siamo andata a nuotare.
   - **C** Crede che tu siate andata a nuotare.

Corrigé page 298

2. Mi sembra che lei abbia fatto un buon allenamento oggi. (voi)
   - **A** Mi sembra che avete fatto un buon allenamento oggi.
   - **B** Mi sembra che abbiano fatto un buon allenamento oggi.
   - **C** Mi sembra che abbiate fatto un buon allenamento oggi.

Module 25
LE BASI

3. Mi fa piacere che voi siate venuti a fare jogging con noi. (lei)
   - A) Mi fa piacere che sia venuta a fare jogging con noi.
   - B) Mi fa piacere che sei venuta a fare jogging con noi.
   - C) Mi fa piacere che abbia venuta a fare jogging con noi.

4. Spero che tu ti sia allenata più spesso. (loro)
   - A) Spero si sia allenati più spesso.
   - B) Spero si siano allenati più spesso.
   - C) Spero si siate allenati più spesso.

Corrigé page 298

5. Pensano che voi abbiate seguito una dieta sbagliata. (io)
   - A) Pensano che abbiamo seguito una dieta sbagliata.
   - B) Pensano che abbiate seguito una dieta sbagliata.
   - C) Pensano che abbia seguito una dieta sbagliata.

Focus Verbes irréguliers

Complétez avec la forme correcte du verbe conjugué au temps indiqué entre parenthèses.

1. A casa si ... l'abbigliamento sportivo. (togliere – passé composé)
   - A) è togliato
   - B) ha togliuto
   - C) è tolto

2. (Io) ... la luce nello spogliatoio. (spegnere – indicatif présent)
   - A) spegno
   - B) spengo
   - C) spento

3. Qui (noi) ... delle attrezzature per il fitness. (produrre – futur)
   - A) produrremo
   - B) produceremmo
   - C) producevamo

4. (Io) Non ... venire a correre con te (potere – indicatif présent).
   - A) poto
   - B) posso
   - C) puòio

5. (Voi) non ... la luce in palestra? (spegnere – passé composé)
   - A) avete spento
   - B) avete spegnito
   - C) spegnete

Module 25
LE BASI

6. Questa ditta ... occhialini da piscina. (produrre –présent de l'indicatif)

   A produca **B** ha prodotto **C** produce

Focus *Stare* + gérondif et *stare per* + infinitif (verbe *stare* au subjonctif)

Complétez chaque phrase avec la fin qui convient.

1. Credo che tua sorella...

   A ... si sia preparando per gli sport invernali.

   B ... si stia preparando per gli sport invernali.

   C ... si stia preparare per gli sport invernali.

Corrigé page 298

2. Non mi sembra che ...

   A ... tu stia per indossare la tuta da sci.

   B ... tu stia per indossando la tuta da sci.

   C ... tu stando per indossando la tuta da sci.

3. Ho l'impressione che ...

   A ... tu ti stia per mettendo il costume da bagno.

   B ... tu ti sia per messo il costume da bagno.

   C ... tu stia per metterti il costume da bagno.

4. Mi sembra che ...

   A ... tu e Teo stiate preparando la cuffia e gli occhialini da piscina.

   B ... tu e Teo sta preparando la cuffia e gli occhialini da piscina.

   C ... tu e Teo stai preparando la cuffia e gli occhialini da piscina.

5. Immagino che ...

   A ... voi non stiate per andavo a sciare.

   B ... voi non stiate andare a sciare.

   C ... voi non stiate andando a sciare.

Module 25
LE BASI

> **Astuce** Souvenez-vous que **stare per** + infinitif signifie *être sur le point de...*, c'est un futur imminent, et que **stare** + gérondif correspond *à être en train de...*

Focus — Verbes ayant un auxiliaire différent de leurs homologues français

Complétez avec la forme correcte du verbe.

1. Ti sembra che io ...?
   - **A** sia ingrassato
   - **B** abbia ingrassato
   - **C** sii ingrassato

2. La mia nipotina fa molto sport ed ... molto.
   - **A** ha cresciuta
   - **B** sta cresciuta
   - **C** è cresciuta

3. Ho fatto una dieta e un po' di sport e finalmente ...!
   - **A** ho dimagrita
   - **B** sono dimagrita
   - **C** ho dimagrito

4. Ho l'impressione che ... dall'ultima volta che l'ho visto.
   - **A** sia invecchiato
   - **B** abbia invecchiato
   - **C** sta vecchio

5. Mi pare che questo allenamento ... tantissimo.
   - **A** abbia durato
   - **B** sia durato
   - **C** faccia durato

6. Il costo dell'abbonamento in palestra quest'anno ... .
   - **A** sta aumentato
   - **B** ha aumentato
   - **C** è aumentato

> **Astuce** Aux temps composés, le participe passé des verbes ayant pour auxiliaire **essere** s'accorde avec le sujet. Faites attention à cela, surtout quand le verbe français correspondant utilise **avere** : **Luisa è dimagrita**, *Luisa a maigri* (litt. : « est maigrie »).

Focus — Vocabulaire : le sport

Complétez avec le mot qui convient.

Corrigé page 298

1. Per andare in piscina devi ricordarti ... .
   - **A** la cuffia
   - **B** gli sci

Module 25
LE BASI

Corrigé page 298

2. Dopo l'allenamento ci si cambia nello ... .
   - A sci
   - B spogliatoio

3. In palestra si fa ... .
   - A ginnastica
   - B nuoto

4. Per nuotare ti puoi mettere ... .
   - A i guantoni
   - B gli occhialini

5. L'abbigliamento sportivo è l'ideale per ... .
   - A la corsa
   - B la dieta

Trouvez le mot correspondant à chaque anagramme.

1. SARCO
   - A corsa
   - B rasco
   - C crosa

2. GASTICINNA
   - A tannascigi
   - B ginnastica
   - C scannatigi

3. TUONO
   - A onuto
   - B nuoto
   - C tonuo

4. CROLLAPANESTA
   - A pallacanestro
   - B stollapacarne
   - C notraspalleca

5. LAVAPOLLO
   - A vallolapo
   - B lollovapa
   - C pallavolo

6. COLICA
   - A lacaci
   - B calcio
   - C cicola

7. SMOLICCI
   - A ciclismo
   - B moscicli
   - C climisco

Module 25
LE BASI

Focus Exercices de traduction

Choisissez la bonne traduction en italien.

1. Je crois que son médecin lui a conseillé une activité sportive régulière.

   A Credo che il suo medico gli abbia consigliato un'attività sportiva regolare.

   B Credo che suo medico ci ha consigliato un attività sportiva regolare.

   C Credo che il suo medico le consigli un'attiva sportiva regolare.

2. Mon frère joue au foot dans une équipe amateur.

   A Il mio fratello giochi a calcio in una squadra amatoriale.

   B Mio fratello gioca a calcio in una squadra amatoriale.

   C Mio fratello gioca al calcio in un squadra amatoriale.

3. Ces chaussures, vous pouvez les mettre aussi bien pour courir que pour aller vous promener !

   A Queste scarpe le potete mettere e per correre anche per andare a spasso!

   B Queste scarpe li puoi mettere sia per correre bene andare a spasso!

   C Queste scarpe le può mettere sia per correre che per andare a spasso!

4. Les étudiants éteignent leur portable pendant les cours.

   A I studenti spegnono il cellulare durante le lezione.

   B Gli studenti spengono il cellulare durante le lezioni.

   C Gli studenti spengano il cellulare durante lezioni.

   Corrigé page 298

5. Donnez-moi aussi une paire de chaussettes en coton et un short de gym, s'il vous plaît.

   A Dammi anche un paia di calze di cotone e pantaloncino da ginnastica, per favore.

   B Mi da anche un paio di calze da cotone e dei pantaloncini di ginnastica, per favore.

   C Mi dia anche un paio di calze di cotone e dei pantaloncini da ginnastica, per favore.

Module 25
LE BASI

6. Il n'a jamais fait de sport de sa vie (litt. « dans sa vie »).

    A Non ha mai fatto di sport in sua vita.

    B Non ha mai fatto sport in vita sua.

    C Non abbia mai fatto sport nel sua vita.

Choisissez la bonne traduction en italien.

1. Ma sœur a grandi.

    A Mia sorella ha cresciuto.

    B Mia sorella è cresciuta.

2. Vous avez vraiment maigri !

    A Siete davvero dimagriti!

    B Avete davvero dimagrito!

3. Nous avons marché pendant deux heures.

    A Siamo camminati per due ore.

    B Abbiamo camminato per due ore.

4. L'abonnement à la piscine a beaucoup augmenté.

    A L'abbonamento alla piscina è molto aumentato.

    B L'abbonamento alla piscina ha molto aumentato.

5. La leçon d'italien a duré longtemps.

    A La lezione d'italiano ha durata a lungo.

    B La lezione d'italiano è durata a lungo.

6. Je ne pense pas qu'ils soient arrivés.

    A Non penso che siano arrivati.

    B Non penso che abbiano arrivato.

7. Elle ne fait aucune activité physique et elle a grossi.

    A Non fa nessuna attività fisica ed ha ingrassato.

    B Non fa nessuna attività fisica ed è ingrassata.

Module 25
VOCABOLARIO E FRASI IDIOMATICHE

8. Il me semble que tu as vieilli.

   A Mi sembra che tu abbia invecchiato.

   B Mi sembra che tu sia invecchiato.

Verbes

Le subjonctif passé :

Il est formé du verbe auxiliaire au subjonctif présent et du participe passé du verbe à conjuguer (avec **essere**, celui-ci s'accorde avec le sujet) : **Credo che Giorgia sia partita**, *je crois que Giorgia est (soit) partie*.

D'autres verbes irréguliers au présent de l'indicatif :

produrre, *produire*	**spegnere**, *éteindre*
(io) produco	**(io) spengo**
(tu) produci	**(tu) spegni**
(lui, lei, si) produce	**(lui, lei, si) spegne**
(noi) produciamo	**(noi) spegnamo**
(voi) producete	**(voi) spegnete**
(loro) producono	**(loro) spengono**

Le participe passé de **produrre** est **prodotto** et le futur **produrrò**.
Le participe passé de **spegnere** est **spento**.

allenarsi	*s'entraîner*
aumentare	*augmenter*
crescere	*grandir*
dimagrire	*maigrir*
durare	*durer*
giocare	*jouer*
indossare	*porter, enfiler* (un vêtement)
ingrassare	*grossir*
invecchiare	*vieillir*

Module 25
VOCABOLARIO E FRASI IDIOMATICHE

nuotare	*nager*
praticare	*pratiquer*
sciare	*skier*
seguire	*suivre*

Noms et adjectifs

l'abbigliamento	*l'habillement*
l'abbonamento	*l'abonnement*
amatoriale	*amateur*
le arti marziali (f.)	*les arts martiaux*
l'attività	*l'activité*
l'attrezzatura (f.)	*l'équipement*
il bagno	*le bain*
il calcio	*le football*
i calzoncini (pl.)	*le short*
il cavallo	*le cheval*
il ciclismo	*le cyclisme*
la corsa	*la course*
il costo	*le coût*
il costume (da bagno)	*le maillot de bain*
il cotone	*le coton*
la cuffia (f.)	*le bonnet de bain*
la dieta (f.)	*le régime*
la ditta	*l'entreprise*
fisico	*physique*
la ginnastica	*la gymnastique*

Module 25
VOCABOLARIO E FRASI IDIOMATICHE

il guanto	*le gant*
il guantone	*le gant de boxe*
invernale	*hivernal*
la luce	*la lumière*
il medico	*le médecin*
il nuoto (m.)	*la natation*
gli occhialini (m.)	*les lunettes de piscine*
la palestra (f.)	*le gymnase*
la pallacanestro (f.)	*le basket-ball*
la pallavolo (f.)	*le volley-ball*
la piscina	*la piscine*
sbagliato	*erroné*
lo sci	*le ski*
sedentario	*sédentaire*
lo spogliatoio	*le vestiaire*
sportivo	*sportif*
la squadra	*l'équipe*
la tuta (f.)	*le survêtement, la combinaison*

Adverbes et locutions

fare vita sedentaria	*menar une vie sédentaire*
in vita mia (tua, sua, etc.)	*de ma (ta, sa...) vie*

Module 25
CORRIGÉ

Le basi

VOTRE SCORE :

PAGES 287-288
Subjonctif passé
1 **C** 2 **A** 3 **A** 4 **B** 5 **A**
1 **A** 2 **B** 3 **C** 4 **A** 5 **C** 6 **A**
1 **A** 2 **C** 3 **A** 4 **B** 5 **C**

PAGE 289
Verbes irréguliers
1 **C** 2 **B** 3 **A** 4 **B** 5 **A** 6 **C**

PAGE 291
Stare + gérondif et **stare per** + infinitif (verbe **stare** au subjonctif)
1 **B** 2 **A** 3 **C** 4 **A** 5 **C**

PAGE 291
Verbes ayant un auxiliaire différent de leurs homologues français
1 **A** 2 **C** 3 **B** 4 **A** 5 **B** 6 **C**

PAGES 291-292
Vocabulaire : le sport
1 **A** 2 **B** 3 **A** 4 **B** 5 **A**
1 **A** 2 **B** 3 **B** 4 **A** 5 **C** 6 **B** 7 **A**

PAGES 293-294
Exercices de traduction
1 **A** 2 **B** 3 **C** 4 **B** 5 **C** 6 **B**
1 **B** 2 **A** 3 **B** 4 **A** 5 **B** 6 **A** 7 **B** 8 **B**

Vous avez obtenu entre 0 et 15 ? Reprenez chaque question en regardant les endroits où vous avez fait des erreurs.

Vous avez obtenu entre 16 et 31 ? C'est très moyen, mais ne vous découragez pas.

Vous avez obtenu entre 32 et 47 ? Formidable ! Analysez les erreurs et, si besoin, révisez la ou les notions que vous ne maîtrisez pas complètement.

Vous avez obtenu 48 et plus ? Bravissimo!

Notes

© 2021, ASSIMIL
Dépôt légal : août 2021
N° d'édition : 4072
ISBN : 978-2-7005-0871-0

Achevé d'imprimer en Roumanie - août 2021
www.assimil.com